Geleitwort

L eben im Geheimnis« – unter diesem Titel sind hier
hundert Predigten gesammelt, von denen ich den
weitaus größten Teil als Abt in der Basilika von Niederaltaich gehalten habe.

»Leben im Geheimnis«, das meint nicht nur das von
Ewigkeit her verborgene und in der Zeit enthüllte Chri-
stusgeheimnis, wie es der hl. Paulus verkündet, sondern
es meint auch die Grundverfaßtheit des menschlichen
Daseins, dessen Geheimnischarakter gerade auch die
Offenheit für das Christusgeheimnis und die Hinord-
nung auf ein nur ahnend zu deutendes in Ihm »Eins-
Werden und Eins-Sein« beinhaltet.

Solch ahnendes Deuten in der meist freien Rede der
Predigt – im Sinne einer Mystagogie – ist im geschriebe-
nen Wort nur schwer zu fassen. Dennoch wurde der
Wunsch laut, die darin enthaltenen Impulse einem
größeren Kreis von Suchenden zugänglich zu machen.
So vertraute ich die Tonbandnachschriften, für die ich
vor allem Frau Isa Lamiani zu danken habe, meinem
langjährigen Lektor und Freund Ulrich Schütz an – ähnlich wie schon bei meinem Buch »Schritte in die innere
Welt« (2. Auflage Göttingen 1997).

Ulrich Schütz hat mit viel Einfühlung das Wagnis auf
sich genommen, den eigentlichen Impuls der einzelnen
Predigten unter größtmöglicher Wahrung meiner Dik-

tion auf jeweils eine Manuskriptseite zu verdichten, um so für die persönliche Meditation und Predigtvorbereitung Hilfen bereitzustellen. Ich danke ihm für seine große Mühe, aufgrund derer er mit Recht als Herausgeber dieses Buches zeichnet. Die von ihm erstellten Texte wollen wiederholt und sehr aufmerksam gelesen werden. Sie sind zunächst kein »leichtlöslicher« Predigtextrakt! Aber die letztlich in der Tiefe konvergierenden Grundimpulse der verschiedenen Predigten werden sich dem Leser beim inneren Verweilen nach und nach wechselseitig erschließen und – so Gott will – den eigenen Nachvollzug ermöglichen.

Niederaltaich am 14.12.1996, dem Gedenktag des hl. Johannes vom Kreuz

Abt Emmanuel Jungclaussen OSB

Inhalt

B   Fasten- und Osterzeit

C   Zeit im Jahreskreis

D   Herrenfeste und Heiligenfeste

E   Besondere Anlässe

A Advents- und Weihnachtszeit

Ende und neuer Anfang

Eine große Illusion hat begonnen, die Illusion der stillen Zeit, die der Advent angeblich sein soll. Eine andere Illusion scheint Paulus heute zu verkünden, wenn er zu den Korinthern und zu uns sagt: »Ich danke Gott, daß ihr an allem reich geworden seid, daß euch keine Gnadengabe fehlt, während ihr auf die Offenbarung Jesu Christi, unseres Herrn, wartet.« Klingt das für uns nicht wie blanker Hohn, wo doch heute christliches Glaubensbewußtsein als lebensgestaltende und lebensverändernde Kraft mehr und mehr auf den Nullpunkt zu sinken scheint? Kann der Glaubensverfall überhaupt noch aufgehalten werden? Ja, man könnte provozierend sogar sagen: Muß er denn aufgehalten werden, lohnt sich das überhaupt?

Es geht mit anderen Worten um die Frage: Was ist uns unser christlicher Glaube wert? Sind wir so »reich an aller Rede und Erkenntnis«, an Aufnahme und innerer Verarbeitung der christlichen Botschaft, daß wir sie durch Wort und lebendiges Zeugnis an andere weiterzugeben vermögen? Fehlt uns »keine Gnadengabe«? Was ist denn die entscheidende Gnadengabe für unser Leben im Blick auf das Ende, dem wir entgegengehen? Was ist die entscheidende Gnadengabe, um unsere Glaubensüberzeugung als entscheidenden Lebenswert und entscheidende Lebenshilfe anderen weiterzugeben? Diese erste und wichtigste aller Gnadengaben ist die durch unsere persönliche Christusverbundenheit geläuterte Liebe. Von dieser Liebe sagt der hl. Johannes vom Kreuz: »Alles vergeht. Am Abend des Lebens zählt einzig die Liebe.«

Aus der Botschaft des Apostels Paulus ergeben sich für uns drei Aufgaben. Das ist, erstens, Besinnung auf das Ende, auf die Vergänglichkeit aller Dinge. Das ist, zweitens, Besinnung auf die christliche Deutung dieses Endes, daß es der Tag Jesu Christi und die Offenbarung Jesu Christi durch das Evangelium ist, und das heißt, daß das Ende zugleich ein neuer Anfang ist, der Fülle und Vollendung bedeutet. Und schließlich ergibt sich im Blick auf diese christliche Botschaft von Ende und Neuanfang innere Umkehr, damit ich den eigentlichen, von Gott mir geschenkten Sinn meines Lebens erfasse und in der durch den Glauben an Christus geläuterten Liebe verwirkliche.

Der Weg der inneren Umkehr steht immer auf drei Säulen: dem persönlichen Gebet, dem persönlichen Umgang mit der Heiligen Schrift und der gemeinsamen Eucharistie. Das soll auch der Weg durch den Advent sein. Ein Weg in der Gemeinschaft der Kirche, wo einer dem anderen im Glauben helfen soll, auch im Glaubenkönnen, im Glaubenlernen.

Einladung zu einem anderen Leben

Johannes der Täufer steht vor uns. Warum wirkt er so faszinierend und zugleich befremdend? Weil er ein anderes Leben lebt. Nicht aus Willkür, aus Laune, sondern weil er sich berufen weiß. Wo immer Menschen den inneren Ruf Gottes annehmen und aus dieser Berufung leben, wird ihr Leben anders, in einem tiefen Sinne alternativ, nicht mehr angepaßt an das, was »man« denkt, was »man« macht, wie »man« lebt. Johannes fordert uns zur Umkehr auf, das heißt, nun unsererseits dem Ruf Gottes zu folgen und zu bekennen, was wir dem rufenden Gott schuldig geblieben sind. Alle Sünde ist schuldig bleiben. Lieblosigkeit ist schuldig bleiben von Liebe und Sanftmut und Zärtlichkeit. Ungerechtigkeit ist schuldig bleiben von Gerechtigkeit. Was bleiben wir einander schuldig an Treue, an Zuwendung, an selbstlosem Zuhören und Offensein für die Anliegen des anderen? Was zählt in unserem Leben? Was ist unser wahres Ich? Das um sich selbst kreisende, das im Konsum erstickende, das am Sinn des Lebens verzweifelnde Ich?

Bei allem Selbstbewußtsein seiner Berufung offenbart Johannes eine Haltung, an der sich erkennen läßt, ob ein Mensch wirklich einem inneren Ruf oder nur seiner Einbildung folgt, ob er vielleicht nur angeben will. Johannes ist zum Dienen bereit, er verwirklicht Demut: Nach mir kommt einer, der stärker ist; ich bin nicht wert, mich zu bücken, um ihm die Schuhe aufzuschnüren. Demut heißt in die Knie gehen können, sich niederbeugen zum Dienst an dem Größeren, der uns manchmal im ganz Kleinen begegnet.

Und dann das Geheimnis der doppelten Taufe: ich taufe nur mit Wasser, er mit dem Heiligen Geist. Die Taufe des Johannes mit Wasser bedeutet die moralische Wandlung. Aber von Moral allein kann niemand leben. Moralische Wandlung allein wird uns nicht retten. Hinzukommen muß die Geisttaufe, das heißt die mystische Wandlung. Nur diese Taufe geht bis ins Innerste. Sie bedeutet, plakativ gesprochen, Wandlung vom Konsum zur Kontemplation. Kontemplation ist die Wandlung durch den Geist im Schauen und Erfahren der Schönheit Gottes in seiner Schöpfung, in mir selbst, in den Menschen, das Beschenktwerden von Liebe, die mich einlädt, von Herzen wiederzulieben. Das ist kein bequemer Weg, sondern ein Kampf gegen das, was sich bei mir gegen die Umwandlung sträubt, gegen jene Einfachheit und Armut, in der ich doch gleichzeitig durch die Erfahrung der Schönheit und Güte Gottes, durch die Christuserfahrung in allen Dingen unendlich reich beschenkt werde. Die Einladung des Täufers zum anderen Leben ist der Weg, der einzig uns in dieser Welt, der einzig uns heute retten kann.

Wartenkönnen auf das Reifwerden

Wir sind auf der Wanderung nach Betlehem, das ist die Gottesgeburt in unseren Herzen. Wir gehen der ewigen Weihnacht entgegen, der immer neuen Geburt Christi in uns, in uns allen. Auf diesem Weg drängt sich die Frage auf: Wie geht es weiter? Immer wieder fragen wir, neugierig oder ratlos oder auch aus tiefer Angst und Not: Wie soll es weitergehen? Hier trifft uns heute das Wort des hl. Jakobus von der Geduld, von jener Geduld, wie sie der Bauer hat beim Wartenkönnen auf den Regen, beim Reifenlassen der Frucht.

Das ist der innere Weg: Wartenkönnen auf das Reifwerden in Geduld. Immer wieder das Herz stark machen angesichts der bevorstehenden Ankunft des Herrn, seiner je neuen Geburt in uns. Reif werden in Geduld, das heißt reifen in der Liebe. Wir sollen uns einander das Reifen zugestehen und nicht übereinander klagen, sondern auch aufeinander warten können. Reif werden in Geduld, das heißt nicht nur Geduld haben mit sich selbst, sondern ebenso Geduld haben mit denen, die uns zur Seite gegeben sind.

Zum Schwersten gehört die Geduld in der Dunkelheit. Im Evangelium sehen wir heute Johannes den Täu-

16

fer im Kerker. Aus dieser Dunkelheit heraus fragt er: »Bist du es, der kommen soll?« In solchen Stunden, die auch uns nicht erspart bleiben, fragen auch wir: »Bist du es, Herr, in diesem Dunkel?« Ja, auch das Dunkel ist der Herr, und er wird uns das Zeichen geben – uns und durch uns, durch unser Ausharren denen, die uns zur Seite gestellt sind. So wie Johannes, der nicht hin und herschwankt, der die Unbegreiflichkeit und Härte des Weges auf sich nimmt und so ganz und gar zum wegweisenden Zeichen geworden ist.

Des Weges ist kein Ende. Immer wieder diese Spannung auf dem inneren Weg: die Freude über den nahenden Herrn, über das aufgehende Licht und andererseits die »Feuertaufe«, die Christus bringt. Wenn Christus in uns geboren werden soll, müssen wir die Geburtswehen erleiden, müssen wir einwilligen in die Verwandlung, in den Weg auch der Schmerzen. Dann aber werden uns auch der Trost, der Frieden und die Freude nicht fehlen – gerade dort, wo wir sie am wenigsten vermuten. Sie werden manchmal, wie es scheint, völlig grundlos ausbrechen und uns erfüllen und erschüttern bis hin zu Tränen der Freude und Beseligung. Für alles, die Tränen der Freude und die Tränen der Schmerzen, wollen wir in dieser Feier danken.

Menschen des Friedens werden

Wovon soll das Leben des Christen bestimmt sein? Paulus legt uns dazu heute eine Reihe von Leitsätzen vor. »Freut euch zu jeder Zeit«, lautet der erste und vielleicht schwierigste Leitspruch. Was ist das für eine Freude? Wenn wir einmal diese Frage an die Regel des hl. Benedikt stellen, dann gibt sie uns eine dreifache Antwort (in Kap. 49 und 7): Die Freude des Christen ist Vorfreude, sie erwächst aus der spontanen, von Herzen kommenden Hingabe, aus dem freigewählten Dienst über das pflichtgemäße Maß hinaus, und sie ist im tiefsten nichts anderes als Sich-Geliebtwissen. Sich grenzenlos geliebt wissen, das wird einmal in alle Ewigkeit die bleibende Freude unseres Daseins sein.

Der zweite Leitsatz heißt: »Betet ohne Unterlaß!« Wenn ich bete, weiß ich um die Gegenwart Gottes. Ohne Unterlaß beten bedeutet, beständig um die Nähe des uns liebenden Gottes wissen. Immerwährendes Gebet gipfelt im Dank, der im Grunde zugleich Lobpreis ist: »Dankt Gott für alles!« Als Menschen des Gebets sind wir eucharistische Menschen. »Das will Gott von euch, die ihr Christus Jesus gehört.« Im Sohn Gottes werden wir Kind

Gottes, das alles – und vor allem sich selbst – vom Vater empfängt, wie sich Christus jeden Augenblick neu in der ewigen Zeugung vom Vater her empfängt. Gott schenkt mir alle Tage neu mich selbst, und alle Tage werden wir auch einander neu geschenkt.

Der Dankbare ist der Zufriedene. Der Lobpreisende kennt nicht jenes Verhalten, das Benedikt von allen Lastern im Kloster auf härteste verurteilt: das Murren. Das gilt nicht nur vom Kloster. Eine murrende Gemeinde hätte den Geist Gottes, der lebendig macht und uns immer wieder in Schwung bringt, ausgelöscht, wäre ein geist-loser Haufen. Darum sagt Paulus als weiteren Leitsatz: »Löscht den Geist nicht aus.« Der Geist Gottes läßt uns prüfen, was zum Guten führt, was dem Guten dient, was das Gute ist, und daß wir so auch das Böse erkennen – in jeder Gestalt, auch in der subtilsten Gestalt unserer verborgensten Hintergedanken.

Und schließlich: »Der Gott des Friedens heilige euch ganz und gar.« Heiligung heißt Ganzwerden, Heilwerden, ohne Abspaltung oder Verdrängung bestimmter Strömungen und Strebungen in uns selbst, die wir nicht wahrhaben wollen. Dann werden wir Menschen des Friedens, fähig der Danksagung und des Lobpreises. So will Gott, daß wir reifen in die Ganzheit unseres Menschseins hinein, in die Fülle der Liebe, der uns immer neu geschenkten und von uns und durch uns verschenkten Liebe.

Von der Freude im Herrn

Wir alle wissen, wie sehr sich der Mensch nach Freude sehnt, wie sich unser Leben durch Freude verwandelt. Aber immer wieder erleben wir auch, wie schnell Freude verlischt, wie kurzlebig sie ist. Paulus sagt uns nun heute: »Freut euch im Herrn zu jeder Zeit!« Freude im Herrn ist die Freude, die aus der Freundschaft mit Christus erwächst. In dem Maß, wie wir in Gemeinschaft mit Christus leben, wird unser Leben mit Freude erfüllt werden. Es ist letztlich die Freude, sich geliebt zu wissen. Nichts anderes als sich grenzenlos geliebt zu wissen, das wird einmal die ewige, bleibende Freude unseres Daseins sein.

»Eure Güte werde allen Menschen bekannt.« Mit der Freude ist es wie mit der Liebe: sie will sich mitteilen, sie muß sich verströmen. Aus der Freude mit Christus wächst die Freude miteinander und aneinander als Freunde Christi und die freundliche, freundschaftliche Zuwendung zu allen Menschen. Denn: »Der Herr ist nahe.« Das gläubige Bewußtsein der Nähe Christi hat, wenn es mich völlig durchdringt, etwas vor Freude Überwältigendes an sich. Wir wissen, daß sich das Kommen

Christi in vielfacher Weise vollzieht: einst bei seiner Wiederkunft; bei der Feier von Weihnachten, wo das, was seinerzeit in Betlehem geschah, geheimnisvolle Gegenwart wird; ja bei jeder Feier der Eucharistie, damit wir seine Nähe bleibend erfahren.

Die Freude hat einen großen Feind. Sie wird immer wieder bedroht von der Sorge. Darum verbindet Paulus beides so eng miteinander: »Der Herr ist nahe«, und: »Sorgt euch um nichts.« Christus wird unsere Sorgen aufheben, wenn wir in jeder Situation durch das Gebet mit ihm in Verbindung treten: »Sorgt euch um nichts, sondern bringt in jeder Lage betend und flehend eure Bitten mit Dank vor Gott.« Dieser Dank in unserem Beten, verbunden mit unseren Bitten, ist wesentlich, weil wir damit bekennen: Wir wissen um seine Nähe und daß er uns beständig beschenkt und daß wir alles, was uns bewegt und was uns Sorge macht, in seine Hände legen können.

Dann geschieht das große Wunder: Wo die Freude ist und das Sorgen durch das innige Beten und Danken ein Ende hat, da kommt der Frieden Gottes, der unbegreifliche, tiefe Frieden, »der alles Verstehen übersteigt«. Er wird unsere Herzen und unsere Gedanken – die vielen Gedanken, die wir uns machen, und die Sorgen, die sich bei uns eindrängen und uns aus der Freude herausreißen – letztendlich an Christus binden und »in der Gemeinschaft mit Christus Jesus bewahren«.

Das Licht in der Finsternis

Weihnachten – das Dunkel und die vielen Lichter hier im Gotteshaus, die Weihnachtsgeschichte und die altvertrauten Weihnachtslieder ... alles ist, wie es immer war. Ist das wirklich so? Sind wir wirklich noch dieselben wie vor einem Jahr? Hat sich in unserem Leben nichts geändert? Das Weihnachtsevangelium zeigt uns Menschen, die auf dem Weg sind. Es lehrt uns, daß auch wir auf dem Weg sind und daß wir uns ändern müssen. Weihnachten ist das Fest am Weg. Jesus wurde ja nicht daheim in Nazaret geboren, sondern auf der Reise nach Betlehem, gleichsam am Wegesrand in der Höhle. Und Weihnachten ist das Fest für den Weg, für unseren Lebensweg, daß wir Sinn und Ziel unseres Lebens finden.

Was ist der Sinn unseres Lebens? Der Weg mit Christus zu Christus. Eine scheinbar widersprüchliche Antwort. Und doch erzählt uns das heutige Evangelium von diesem doppelgesichtigen Weg unseres Lebens. Maria und Josef gehen mit Jesus nach Betlehem. Maria ist das Sinnbild für den Menschen, in dessen Inneren, in dessen Herzen Jesus lebt durch den Glauben. Und die Hirten eilen nach Betlehem zu Jesus, zum Heiland, zum Ziel ihres Lebensweges. In unserem Leben vereinigt sich der Weg Marias mit dem Weg der Hirten. Das macht die Spannung und oft auch die Not unseres Lebens aus.

Auf der einen Seite glauben wir an Christus, an seine Nähe, seinen Schutz, sein liebevolles Geleit in unserem Leben; zumindest ahnen wir etwas davon. Andererseits aber spüren wir, wie schwach unser Glaube ist, wieviel zwischen uns und Jesus, wieviel auch zwischen uns und unseren Mitmenschen steht. Wieviel Dunkel findet sich in uns, wie wenig verändert sich in uns zum Guten!

Es gibt keinen anderen Weg: Wenn sich in dieser dunklen und schlechten Welt etwas zum Besseren verändern soll, dann müssen wir anfangen, uns zu ändern. Und wie soll das gehen? Dadurch daß wir unsere Herzen entzünden an Christus, dem Licht der Welt; daß wir unsere Herzen entzünden am brennenden Herzen des menschgewordenen Sohnes Gottes. Die an Christus entzündeten Herzen müssen sich zu einer Lichterkette des lebendigen, des tätigen Glaubens zusammenschließen. Dann wird es wirklich ein wenig heller in der großen Finsternis der Welt. Wenn wir die Flamme des Glaubens und die Flamme der Liebe in unserem Herzen immer wieder nähren an dem Licht, das Christus selber ist, dann ändern wir durch dieses Licht unser Leben, und dann verändern wir miteinander die Welt.

Weihnachtliches Menschsein

Wie ist es mit der stillen, der heiligen Nacht? Ist sie nicht eine Nacht der schönen Täuschungen? Spätestens morgen früh bei den Nachrichten werden uns die alten Fragen überfallen: Wo ist »Friede auf Erden«? Wo wird »Gott in der Höhe« verherrlicht? Auch der Blick auf die Weihnachtsgeschenke weckt in uns zwiespältige Gefühle. Ist uns bewußt, was der eigentliche Sinn eines Weihnachtsgeschenks ist, der eigentliche Sinn des Weihnachtsfestes? Da geht es um einen fortwährenden Lernprozeß. Es geht darum, im Licht der Menschwerdung Jesu Christi zu lernen, das eigene Leben immer neu als Geschenk aus Gottes Hand anzunehmen. Es geht um eine beständige Lebensgestaltung in Danksagung und Lobpreis. Es geht um ein weihnachtliches Menschsein.

Aber was und wie ist ein weihnachtlicher Mensch? Die Antwort mögen uns Menschen aus der Weihnachtsgeschichte der Bibel geben. Da ist als erster Zacharias, der Vater Johannes' des Täufers, bei dessen Geburt sich sein Mund zum Lobgesang des Benedictus öffnet: »Gepriesen sei der Herr, der Gott Israels.« Inzwischen hatte schon Maria, die Jesus unter ihrem Herzen trug, ihre Base Elisabeth besucht und ihr Magnificat gesungen: »Meine Seele preist die Größe des Herrn.« Im Weihnachtsevangelium hörten wir den Lobgesang der Engel: »Ehre sei Gott in der Höhe.« Als die Hirten das Kind in der Krippe gefunden hatten, gingen sie wieder zu ihren Herden und priesen Gott für das, was sie gehört und gesehen hatten. Im Tempel zu Jerusalem wartet schon der greise Simeon, um Gott zu loben: »Denn meine Augen haben das Heil gesehen.«

Alle diese Menschen lernten das Loben und lernten damit die Annahme ihres Lebensplanes, wie Gott ihn entworfen hatte. Sie vertrauten sich Gottes oft so unbegreiflichen Fügungen und Verheißungen an. Sie faßten sich in Geduld, wenn es zunächst ganz anders kam, als sie es sich vorgestellt hatten. Aber am Ende stand und steht immer als Geschenk des Glaubens die beglückende Einsicht: Gott hat alles gut gemacht; er sei gepriesen. Jedes Weihnachtsfest will nichts anderes sein als eine Ermutigung, im Blick auf Jesus Christus unser Leben auf die Güte Gottes hin immer neu zu entziffern und angesichts der Gabe Gottes, die unser Leben ist, das Danken und Loben zu lernen, immer tiefer dankende, lobende und damit letztlich auch liebende Menschen zu werden.

Die Gnade Gottes ist erschienen

Weihnachten hat nur dann Sinn, wir sind nur dann berechtigt, Weihnachten zu feiern, wenn es für uns Neubeginn eines Weges ist. Das meint jedenfalls der Apostel Paulus in der Lesung. Weihnachten als Weg mit Anfang und Ende, Beginn und Ziel. Der Beginn des Weges ist die Stunde der Geburt, die wir feiern: »Die Gnade Gottes ist erschienen«, seine Anmut, seine Güte, seine Liebenswürdigkeit in Menschengestalt. Und das Ziel des Weges ist, daß wir »warten auf das Erscheinen der Herrlichkeit unseres großen Gottes und Erlösers Jesus Christus«, seine Wiederkunft, sei es für uns persönlich am Ende unseres Lebens, sei es für alle am Ende der Welt.

»Christus ist erschienen in Menschengestalt, um alle Menschen zu retten«, um uns und alle aus der Sinnlosigkeit des Daseins zu retten, aus Vereinsamung, aus Ängsten, aus Sucht- und Schuldverfallenheit, aus Zweifeln und Verzweiflung: Sofern wir uns von der Gnade führen und formen lassen! Wir sind nicht unverbesserlich, auch die Welt ist entgegen allem Anschein nicht unverbesserlich. Wir können uns mit Gottes Gnade ändern, denn sie erzieht uns dazu, »uns von der Gottlosigkeit und den irdischen Begierden loszusagen«. Das Ja zu einem Neuanfang bedeutet ein Nein zu vielem, was bisher unser Leben bestimmt hat. »Gottlosigkeit«, wie Paulus sagt, ist ja nicht, daß ich Gott leugne, sondern daß ich ihn vergesse, daß ich praktisch ohne ihn lebe, mein Leben nicht von ihm bestimmen lasse, nicht mit ihm rechne. Gottlosigkeit zeigt sich vor allem darin, daß ich nicht mehr bete. Offenheit für Gott verwirklicht sich vor allem in unserer Fähigkeit und in unserem Willen zu beten. Bitte, Dank und Lobpreis sind der lebendige Ausdruck meiner Beziehung zu Gott. Sich lossagen von der Gottvergessenheit führt dann auch zum Sich-Lossagen von den Begierden dieser Welt, der Gier nach Macht, nach Geld, nach Genuß.

Das Neue faßt Paulus in eine dreifache Formel: »Wir wollen besonnen, gerecht und fromm in dieser gegenwärtigen Welt leben.« »Besonnen«, das meint mich: in Selbstbeherrschung die Dinge im Blick des Glaubens beurteilen. »Gerecht«, das meint den Nächsten: ihm als Mensch volle Gerechtigkeit widerfahren lassen. »Fromm«, das heißt: in Gottesfurcht und Gottesliebe leben in dieser gegenwärtigen, vergänglichen, von soviel Bösem gezeichneten Welt, wo aber immer wieder ein Schimmer kommender Herrlichkeit durchbricht, nach der wir uns sehnen: Gott, der in unserem Herrn Jesus Christus erschienen ist und der wiederkommen wird. In dieser Nacht leuchtet die Liebe Gottes auf. Zu ihr sind wir gerufen, in ihr vollendet sich der Weg der Weihnacht.

Der Weg in die Höhle

Angesichts der weltweiten Katastrophen und Kriege, der Krisen in der Gesellschaft, vielleicht auch im persönlichen Leben, drängt sich jedem die Frage auf: Wo ist Geborgenheit und Rettung? Was können wir tun, um den drohenden Gefahren zu entrinnen? Weihnachten gibt uns die Antwort: dorthin gehen, wo Christus geboren wird.

Christus der Herr kommt zur Welt als Randexistenz der menschlichen Gesellschaft. Er wird nach ältester Überlieferung am Rand von Betlehem, in einer Höhle geboren, die gleichzeitig als Unterstand für das Vieh diente und in der sich ein Futtertrog befand. Diese Geburtshöhle unseres Herrn und Heilandes ist für uns alle der bergende Ort. Und allein die innere Haltung, mit der wir dort eintreten, mit der die Menschheit dort eintritt, bietet Rettung vor allen uns und die Menschheit bedrohenden Gefahren.

Wer in die Höhle eintreten will, muß sich als erstes klein machen. Er muß sich bücken, um hineingehen zu können. Ohne die Bereitschaft zur Demut gibt es keinen Zugang. Wenn alle in dieser Höhle Platz haben wollen, müssen wir eng zusammenrücken, nur ganz wenig Platz für uns beanspruchen und sorgen, daß Platz für alle ist. In die Höhle eintreten ist dann die Bereitschaft zur Armut, zu einem einfachen Leben, zum Verzicht auf alle überflüssige Bequemlichkeit. Wer in die Höhle eintreten will, muß bereit sein, anzubeten, vor einem kleinen Kind die Knie zu beugen und in der Schwachheit des Kindes den Herrn der Herrlichkeit anzuerkennen. Anbetung aber als Gefühl genügt nicht, wenn sie nicht zur Hingabe wird, zur Bereitschaft, dem zu dienen, der dort in der Krippe liegt.

Krippe und Höhle weisen über sich hinaus. Die Geburtshöhle verweist auf die Grabeshöhle, die Windeln auf die Grabtücher. Betlehem und Golgota gehören zusammen. In die Höhle von Betlehem eintreten bedeutet die Bereitschaft zur Lebens- und Todesgemeinschaft mit dem Herrn, die Bereitschaft, auch den Tod, wie und wann Gott will, aus seiner Hand in der Gesinnung der Liebe anzunehmen, um die Auferstehung für uns, für alle, für die Welt zu erfahren. Der Weg in die Höhle, der Weg zum Leben, zur Lebensgemeinschaft mit dem Sohn Gottes, der Weg der Anbetung, Hingabe, Nachfolge, dieser Weg ist der einzige Ausweg aus der Krise der Menschheit, er schenkt Geborgenheit mitten in der Katastrophe. Wie sagten die Hirten: »Kommt, laßt uns nach Betlehem gehen!« Gehen wir, Schwestern und Brüder, gehen wir!

Was sagt uns das Kind in der Krippe?

Ein Kind ist uns geboren. Wenn wir dieses Kind lange genug anschauen und uns in den Anblick des göttlichen Kindes versenken, wird es anfangen, zu uns zu sprechen. Was sagt uns Gott in diesem Kind? Als erstes: Inmitten einer unheimlichen und unglücklichen Welt, in der sich viele von uns am liebsten das Wort des antiken Dichters Sophokles zu eigen machen würden: »Nicht geboren zu werden ist weitaus das Beste«, mitten in dieser Welt ist dieses Kind das Ja Gottes zu einem Leben in dieser Welt. Jesus kommt in diese Welt als das Ja Gottes zum schweren Weg unseres Menschseins und Menschwerdens. Diesen Weg will er mit uns teilen.

Das zweite ist die Frage, die uns alle bewegt: Wie wird das Kind dieses Leben bestehen? Es ist zugleich unsere Frage: Wie schaffen wir es, dieses Leben? Das Leben schaffen, das Leben bewältigen, den Sinn des Lebens finden, das geht einzig und allein durch Vertrauen und Liebe. Dieses Kind erfährt sich geborgen in der Liebe einer Mutter. So lernt es unbewußt, sein Leben aus der Kraft der Liebe immer neu zu wagen und wird einmal im Vertrauen auf den Vater im Himmel auch durch die Schrecken von Leid und Tod hindurchgehen können. Die Wehrlosigkeit und Ohnmacht des Kindes in der Krippe wird sich vollenden auf Golgota, in Tod und Auferstehung.

Das dritte ist die Einladung dieses göttlichen Kindes an uns: Werde auch du ein Kind, Gottes Kind! Später, als erwachsener Mensch, wird Jesus sagen: »Wenn ihr nicht werdet wie die Kinder, werdet ihr nicht in das Himmelreich kommen.« Was heißt das, wie ein Kind werden, für uns Erwachsene? Das heißt: neu einwilligen in die Wiedergeburt aus Wasser und Heiligem Geist, wie sie an uns in der Taufe geschah, und diese Wiedergeburt immer neu verwirklichen in einem Leben aus dem Wort Gottes und aus dem Gebet. Durch Wiedergeburt Kind Gottes werden heißt: die Liebe trotz aller Enttäuschungen immer neu wagen; loslassen, sich keine falschen Absicherungen aufbauen; das Leben und alles, was es umfaßt, Freude und Leid, beständig als Geschenk aus der Hand des himmlischen Vaters annehmen, um sich selbst immer neu in Liebe zu verschenken.

Weihnachten ist nicht Stimmung, nicht Rührung, sondern ein innerer Aufbruch. Weihnachten heißt die Freude der Gotteskindschaft erfahren, vertiefen und als bleibenden Auftrag annehmen.

Woher komme ich, wohin gehe ich?

Der Anfang des Johannesevangeliums, das schönste Weihnachtslied, das wir kennen, gibt Antwort auf unsere tiefsten Fragen: Woher komme ich? Wohin gehe ich? Das Lied singt nicht nur vom Neubeginn der Menschwerdung Christi, sondern lenkt unseren Sinn auf den Urbeginn: »Im Anfang war das Wort.« Dieses Wort ist Christus. Durch ihn ist alles geworden. Auch ich! Woher komme ich? Von Christus! Mein Ursprung liegt in ihm, der Licht und Leben ist.

Freilich, unsere Menschwerdung liegt nicht nur in hellem Licht, sondern gleichzeitig auch in einem unbegreiflichen Dunkel: »Das Licht leuchtet in der Finsternis, und die Finsternis hat es nicht erfaßt.« Und wenn das Wort in der Menschwerdung in sein Eigentum kommt, weil alles durch dieses Wort, Christus, geworden ist, dann heißt es: »Er kam in sein Eigentum, aber die Seinen nahmen ihn nicht auf.« Wir haben unseren Ursprung im Licht vergessen und sind doch trotz aller Finsternis auf dieses Licht hin ausgerichtet, dazu bestimmt, dieses Licht zu erfahren. Alle unsere Sehnsüchte spiegeln nur diese eine tiefste Sehnsucht, wieder ganz ins Licht zu gehen, in die vollendete Gemeinschaft mit dem Ursprung: Christus. Weil »alles durch das Wort geworden ist«, haben alle Dinge ihre Heimat im Licht. Alle sind wir miteinander – die ganze Schöpfung – auf dem Weg zurück in die Heimat im Licht. Wenn Christus Menschengestalt annimmt, wenn ich seine Herrlichkeit schauen darf, dann ist das nicht nur eine ganz persönliche innere Herzens- und Glaubenserfahrung. Weihnacht ist die wiedergeschenkte Erfahrung von der Einheit und Geschwisterlichkeit aller Dinge in Christus.

Wenn ich mich für Christus entscheide, wenn ich Christus begegne, wenn Christus das Wort meines Lebens wird und ich mein Leben von ihm her verstehe, verwandelt sich die Welt in ein Lied, das erklingt zum Lobe des Ursprungs. Im ehrfürchtigen Umgang mit der ganzen Schöpfung, mit Mensch, Tier, Pflanze, Stein, werden wir erfahren, daß wir mehr sind als nur wir selbst, daß wir transparent sind, daß wir Abglanz vom ewigen Licht sind. Uns verbindet eine Sehnsucht nach letzter Erfüllung, eine Einladung zu einer ewigen Weihnacht, wo Staunen, Glückseligkeit und Friede nicht nur ein flüchtiger Traum sind, sondern bleibendes Geschenk und immerwährende Erfahrung.

Weggemeinschaft

Am Fest der Heiligen Familie über die Ehe sprechen ist heutzutage ein gewagtes Unternehmen. Geht es da nicht vielfach um Vorstellungen, die hoffnungslos veraltet scheinen? Um Imperative »Ihr sollt«, »Ihr sollt nicht«, für die man weithin nur ein müdes Lächeln hat? Wer könnte andererseits die Augen davor verschließen, wieviel Leid in der Realität vieler Ehen heute erlebt wird? Wieviel Orientierungslosigkeit gerade in diesem Lebensbereich herrscht? Schauen wir ins Evangelium, vielleicht finden wir hier doch hilfreiche Hinweise.

Das Evangelium von der Flucht nach Ägypten und der Rückkehr aus Ägypten gibt uns im Bild eine klare Antwort: Ehe ist Weggemeinschaft. Man ist miteinander auf dem Lebensweg. Man ist nicht nur äußerlich, sondern auch innerlich auf einem Weg – mit allen Veränderungen, die ein solcher Weg äußerlich und auch innerlich einschließt. Christliche Weggemeinschaft aber hat ein eindeutiges Ziel, nämlich Gott. Christliche Ehe ist gemeinsamer Weg zu Gott. Gott ist dabei nicht irgendwie ein fernes Ziel. Das Geheimnis des Sakraments der Ehe, sofern man daran noch wirklich glaubt, liegt vielmehr darin, daß man sich einander gegenseitig an Christus schenkt und daß man einander gegenseitig immer neu aus der Hand Christi als Geschenk empfängt. So ist das Geheimnis der christlichen Ehe Weggemeinschaft zur Christuserfahrung und Weggemeinschaft der Christuserfahrung.

Weiter ist da im Evangelium der Engelruf im Traum: »Geh nach Ägypten, komm zurück aus Ägypten.« Der Engelruf ist Sinnbild der Berufung zur Weggemeinschaft durch Gott: Komm auf den Weg! Ehe kommt weder allein aus Lust und Laune zustande noch allein durch »vernünftige Überlegungen«, sondern aus dem Bewußtsein: Wir sind zueinander und füreinander berufen. Das Erkennen dieser Berufung gehört zum Schwersten für den Beginn einer Ehe und bleibt auch die dauernde Frage in allen Belastungen, auch im drohenden Scheitern.

Und schließlich fällt im heutigen Evangelium auf, daß die Wege, die die Heilige Familie geht, Erfüllung einer prophetischen Verheißung sind. In der Erfüllung seines ewigen Heils- und Liebesplans mit uns Menschen wird Gott verherrlicht. In zwei Menschen, die sich füreinander entschieden haben und die geheimnishaft von Ewigkeit her in Gottes Plan füreinander bestimmt sind, wird Gott verherrlicht – freilich nur in dem Maße, als man sich bewußt auf Gottes Wort und Verheißung stützt und sie zu leben versucht – trotz aller Bedrohung von außen und innen.

Leben im Lobpreis

Wieder geht ein Jahr zu Ende. Wieder bewegt uns der Gedanke an das, was im vergangenen Jahr gewesen ist und was im neuen Jahr kommen mag. Wieder wird uns die Vergänglichkeit alles Irdischen bewußt. Wir blicken in eine ungewisse Zukunft, in der nur eines gewiß ist: daß jeder von uns einmal sterben muß. Und wir halten Ausschau nach dem, was bleibt, was alle Vergänglichkeit überdauert und was den Sinn unseres Lebens ausmacht.

Wenn wir an die Verstorbenen des vergangenen Jahres denken, aber auch an die Neugetauften, die Erstkommunionkinder, die Gefirmten, die hier getrauten Hochzeitspaare, dann geht es nicht um kirchliche Statistik. Uns soll bewußt werden, was Taufe und Firmung, Eucharistie und Buße und Trauung eigentlich bedeuten: Wege zur Erfahrung dessen, was bleibt; Wege, das Bleiben in Christus zu erfahren, auch über den Tod hinaus. Gibt es nun aber ein konkretes Tun, das in Christus nicht nur uns Menschen hier miteinander verbindet, sondern uns auch mit der ganzen Schöpfung, mit der irdischen und himmlischen Welt, mit dem Jenseits und also auch mit unseren Verstorbenen? Ja, das gibt es. Es ist das Lob Gottes, der Dank an Gott.

Was wir am Schluß des Gottesdienstes singen: »Großer Gott, wir loben dich«, das sollte mehr und mehr Inhalt unseres Lebens werden. Christ sein heißt lernen, mehr und mehr zu loben und zu danken als Antwort auf Gottes Liebe und Güte. Dieses Lob, dieser Dank wird dann zur liebenden, helfenden Tat auch an den Nächsten. Wirkliche Freude, wirkliches Lob, wirklicher Dank verbindet Menschen, ja die ganze Schöpfung. Alle sind zum Lobpreis aufgefordert, auch die Engel und auch unsere Verstorbenen im Jenseits. Weil sie uns im Lobpreis so nahe sind, darum geht uns immer ein geheimnisvoller Schauer durch die Seele, wenn dieses »Großer Gott, wir loben dich« erklingt. Da wird uns bewußt, daß letztlich alles Geschenk ist, und wir lernen, uns beschenken zu lassen und weiterzuschenken.

Lobpreis schafft Gemeinschaft. Weil erst in der Gemeinschaft Lobpreis zu seiner Fülle kommt, darum brauchen wir immer neu die gemeinsame Feier, den gemeinsamen Gottesdienst. Lobpreis verändert unser Leben von Grund auf, verwandelt uns, macht aus engstirnigen, ichsüchtigen, in sich selbst verschlossenen Menschen offenherzige, liebevolle, schenkende und frohe Menschen. Lobpreis zeigt, daß das Leben lebenswert ist, denn es ist ein Leben, das nicht mit dem Tod am Ende ist, sondern das durch den Tod hindurch in Gott zur ewigen Vollendung kommen soll.

Als Gesegnete zum Segen werden

Am Morgen des Neuen Jahres hören wir den Segen aus dem Alten Bund, den sogenannten Aaronsssegen: »Der Herr segne dich und behüte dich.« Gesegnet sein heißt ja sagen zu seinem Leben, wie Gott es fügt, und sein Leben immer neu als Geschenk aus Gottes Hand annehmen. Im Segen wird gleichsam Gottes Hand schützend und bergend auf uns gelegt. Wie es am Ende der Lesung heißt: »So sollen sie meinen Namen auf die Israeliten legen.« Gottes Name, das ist Gott selbst in seinem innersten Wesen. Er wird im Segen wie eine Hand auf uns gelegt: Hab keine Angst, ich bin da, wo du bist.

Das Schützende der Hand Gottes, das Bergende seines Namens – wie kann ich das erfahren? In seinem mir liebevoll leuchtend zugewandten Angesicht. »Der Herr lasse sein Angesicht über dich leuchten und sei dir gnädig.« Wie sehr sehnen wir uns danach, daß einer uns wohlwollend anlächelt, uns voller Zuneigung anschaut! Unser Suchen nach Gottes Angesicht, von dem die Psalmen unzählige Male sprechen, bleibt nicht vergeblich, denn er hat es uns zugewandt im Antlitz seines Sohnes. So gibt es keinen anderen Weg, daß dieser Segen für uns

Wirklichkeit wird, als daß wir das Antlitz unseres Herrn suchen, den Blick seiner Liebe, und diesen Blick mit dem Blick unserer Liebe beantworten.

»Der Herr wende dir sein Angesicht zu.« Wir wissen alle, wie das ist, wenn einer seinen Blick von uns abwendet, und was es bedeutet, wenn zwei Menschen, die sich nicht mehr sehen konnten, einander wieder anschauen. Hier geschieht Frieden. Christus wendet uns sein Antlitz zu, damit ich Frieden mit meinem Nächsten schließen kann, damit ich Frieden mit mir selbst schließe, damit ich auch mit allen Ungereimtheiten meines Lebens Frieden schließen und sie im Blick und im Frieden Christi annehmen und tragen kann.

Als von Gott Gesegnete können wir nun unsererseits segnen. Aufgrund unserer Taufe haben wir im gemeinsamen, im allgemeinen Priestertum Segensmacht füreinander. Wo wir das tun, laut oder in der Stille unseres Herzens, rückt unser Leben in einen neuen Horizont, in den Frieden Gottes. Dann kann die tiefste Erfüllung unseres Lebens geschehen, daß wir einander zum Segen werden. Gebe Gott, daß wir uns jetzt und alle Tage des Jahres von ihm segnen lassen, daß wir einander segnen und füreinander zum Segen werden.

Den Namen Jesus im Herzen bewahren

Am Beginn eines Neuen Jahres, wo viele Worte gemacht werden, sehen wir im Evangelium Maria, die kein einziges Wort sagt, sondern schweigt. Von der schweigenden Mutter Gottes können wir Entscheidendes lernen für ein innerlich erfülltes Neues Jahr. Maria schweigt, aber sie ist nicht untätig: »Maria bewahrte alles, was geschehen war, in ihrem Herzen und dachte darüber nach.« »Was geschehen war«, das sind die Worte Gottes, die eben nicht bloß Wort bleiben, sondern Wirklichkeit werden. Maria bewahrte alle Worte Gottes, die geschehen waren, in ihrem Herzen, indem sie sie – wie es wörtlich heißt – »hin und her bewegte« oder zu einem Ganzen »zusammenfügte«. Zu solchem Tun muß der Mensch ein Herz haben, das heißt eine innere Mitte, aus der er lebt. Er muß ganz bei sich selbst sein und keine Angst davor haben, daß sein Innerstes ihm vielleicht langweilig und leer vorkommt oder daß er sonst böse Überraschungen erleben könnte, wenn er in sein Herz schaut. Maria hatte ein »reines« Herz, das heißt ein ungeteiltes, ganz auf Gott ausgerichtetes und an Gott hingegebenes Herz. So war das Nachsinnen in ihrem Innersten Gebet, inneres Gebet, Herzensgebet.

Am Schluß des Evangeliums heißt es: »Man gab ihm den Namen Jesus, den der Engel genannt hatte, noch ehe das Kind im Schoß seiner Mutter empfangen wurde.« Dieser Name Jesus umschließt die ganze Geschichte Marias mit ihrem göttlichen Sohn. Bei einer werdenden Mutter kreisen alle Gedanken und Gefühle um das Kind, zumal beim ersten Kind. Maria trug ihr Kind mit dem Namen Jesus nicht nur in ihrem Leibe oder, wie es nach altem Sprachgebrauch heißt, unter ihrem Herzen, sondern auch in ihrem Herzen. In der Kraft dieses Namens vermag sie den Weg ihres Lebens mit dem zu gehen, der ihr durch diesen Namen immer nahe und verbunden bleibt, bis unter das Kreuz und bis in die Freude der Auferstehung.

Diese beseligende Erfahrung des inneren Gebets, verbunden mit dem Namen Jesus, kraft seiner Gegenwart, dürfen auch wir erleben, wenn wir nur den Mut haben, in die Stille zu gehen. Wenn wir den Namen Jesus in tiefem Glauben anrufen, ist der Herr selbst gegenwärtig. Im Herzensgebet wird seine Leuchtkraft alles, was geschieht, immer stärker durchdringen. Das Licht des Namens Jesus will auch unser Leben und auch alles Schwere unseres Lebens zur beglückenden Einheit und Ganzheit fügen.

Die drei Entscheidungen Marias

Trotz des ganzen Feuerwerks der Neujahrsnacht sehen viele für die Zukunft schwarz. Das Dunkle ist dabei nicht so sehr, wie viele meinen, das Ungewisse, das unausweichlich auf mich zukommt. Verunsichert und ratlos sind wir angesichts der tausenderlei Entscheidungen, vor die wir gestellt werden im öffentlichen wie im ganz persönlichen Leben. Kann ich mich und wie soll ich mich entscheiden? In das Dunkel solcher Fragen leuchtet am Neujahrsmorgen ein tröstliches Licht. Es geht von einer Frau aus, von Maria, der Gottesmutter, deren Hochfest wir heute feiern. Sie hat in ihrem Erdendasein drei große Entscheidungen getroffen, die uns als Grundorientierung dienen können.

Die drei Entscheidungen Marias lassen sich an drei Orten festmachen: Nazaret, Golgota, Jerusalem. In Nazaret traf sie die erste und die Grundentscheidung ihres Lebens: »Ich bin die Magd des Herrn, mir geschehe nach deinem Wort.« Sie hätte auch nein sagen können, aber sie hat sich für die Gottesmutterschaft entschieden, für das Kommen des Messias zum Heil der Welt, zum Heil von uns allen. Es war die Entscheidung, so können wir umfassend sagen, für den Willen Gottes. Die zweite Entscheidung Marias fiel auf Golgota unter dem Kreuz. Es gab auch andere Möglichkeiten, wie die Flucht der Jünger zeigt. Sie entscheidet sich für das Kreuz, um es mit dem Sohn zu teilen. Das ist die Entscheidung für die Treue zu Christus und zugleich die Entscheidung für die Minderung, das Leid, das Schwere. Die dritte Entscheidung geschah in Jerusalem. Es war Marias Entscheidung, zur wartenden Pfingstgemeinde zu gehören. Sie hätte sich ja auch verzweifelt ins Abseits zurückziehen können. Sie entscheidet sich für die Gemeinschaft. So wird sie zum Urbild, zur Mutter der Kirche.

Was bedeuten ihre Entscheidungen für uns? Ist die Grundentscheidung meines Lebens eine Entscheidung für den Willen Gottes: Was will Gott für mich und von mir? Die richtige Entscheidung ist oft die schwerere Entscheidung. Es geht für uns bis in kleine Alltagsentscheidungen hinein oft darum, zu Einschränkungen und Minderungen bereit zu sein. Wie schaffen wir das in einer Umgebung, die vielfach nach völlig anderen Maßstäben lebt? Wir können es, wenn wir uns mit Maria für die Kirche entscheiden, für die Kirche in ihrer Fülle. Wir starren oft nur auf die Verkümmerungen, aber Kirche ist umfassender und größer, sie ist geheimnisvoller Leib Christi, sie ist Eucharistie. Möge uns aus dieser Feier der Eucharistie die Kraft erwachsen, uns in unseren Entscheidungen des Neuen Jahres so zu entscheiden wie Maria in Nazaret, auf Golgota und in Jerusalem.

Urbild der Liebenden

Viele sind über die Schwelle des Neuen Jahres mit der dunklen Sorge getreten, daß alles schlechter wird, daß das Licht der Weihnacht im Dunkel von Angst und Egoismus erlischt. Lohnt sich überhaupt so etwas wie selbstlose Liebe? Die Antwort gibt uns eine Frau, die scheinbar unbemerkt mit uns ins Neue Jahr getreten ist. Sie gibt ihre Antwort weniger durch ihre Worte als durch ihr Muttersein. Wenn wir heute das Hochfest der Gottesmutter Maria feiern, dann sagt uns Maria durch ihre Mutterliebe: Unser Weg durch das Neue Jahr hat nur dann für unser Leben Sinn, wenn es der Weg der schenkenden Liebe ist, der Liebe, die wir einander schenken, und der Liebe, die wir uns gemeinsam von Gott schenken lassen.

Das Hohelied der Mutterliebe ist immer wieder gesungen worden. Für Franz von Assisi war die Mutterliebe der Maßstab schlechthin für wahre Liebe. Er sagt zu den Brüdern in seinem Orden: »Ihr sollt einander lieben wie eine Mutter ihren einzigen Sohn.« Und die Bibel selbst läßt Gott sagen: »Ich will euch trösten, wie einen seine Mutter tröstet.« Maria ist nicht nur das Urbild der

Glaubenden, sondern ebenso das Urbild der Liebenden. Das Kind auf ihrem Arm, dem ihre Liebe gilt, ist nicht nur ein Sinnbild des Lebens, sondern das Leben selbst. Lieben, das diesen Namen verdient, heißt letztlich immer: dem Leben dienen – um des Lebens selbst willen, das Abglanz und Gegenwart göttlichen Lebens ist. Denn Leben, wirkliches Leben ist immer Leben aus Gott und Leben für Gott.

Freilich, auch Maria mußte durch eine Schule des Liebenlernens gehen. Sie mußte lernen, loszulassen und freizugeben. Liebe hat sich immer neu auch im Abschiednehmen und angesichts von Leid und Tod zu bewähren. Aber gerade unter dem Kreuz darf Maria die Berufung zu einer universalen Mutterschaft und damit zu einer universalen Liebe erfahren: »Siehe da, dein Sohn! Siehe da, deine Mutter!« Maria hört nicht auf, ihre universale Mutterschaft und damit universale Liebe zu verwirklichen: im ewigen Leben bei ihrem Sohn in der unaufhörlichen Fürbitte für uns alle. Lohnt es sich, auf dieser blut- und tränengetränkten Erde in Liebe dem Leben zu dienen? Die Antwort lautet schlicht: Ja! Ja, wenn wir im Aufblick zu Maria und zu ihrem Sohn Jesus Christus ein ewiges Leben und eine ewige Liebe bekennen, eine ewige Liebe, die Gott selber ist.

Wahrhaft Gott suchen

Woher rührt die Faszination des Evangeliums von den Weisen aus dem Morgenland, den später sogenannten Heiligen Drei Königen? Sie sind die Verkörperung der Gottsuche. Die weisen Männer mit ihrer weiten Reise können jedem Menschen, der sich aufmacht, wahrhaft Gott zu suchen, Hinweise für seinen Weg geben, der nicht nur ein äußerer, sondern vor allem ein innerer Weg ist.

Die Weisen sind Sterndeuter. In der Stille der Nacht beobachten sie aufmerksam und gesammelt die Zeichen der Schöpfung. Eine innere Stimme treibt sie an, diesen Zeichen buchstäblich nachzugehen. Sie scheuen keine Mühe und überwinden den größten Feind: Trägheit und Bequemlichkeit einerseits, verbunden mit der Sucht nach einem möglichst schnellen Erfolg andererseits. Diese Sucht will alles sofort haben, schnell und leicht, auch Gotteserfahrungen.

In Jerusalem treffen sie auf Herodes. Er steht für den Schock, den wohl jeder erlebt, der anfängt, wahrhaft Gott zu suchen. Das ist die Angst vor Entthronung und Entmachtung des eigenen Ich angesichts der überwältigenden Macht Gottes, die in unserem Innern als Gottes Liebe und in unserem Herzen als Gottes Geburt Platz greifen möchte. Aus Angst vor den deutlichen Worten Gottes in der Bibel mit ihren klaren Konsequenzen für unser Leben flüchten wir uns gern – wie Herodes – in Verstellung und Heuchelei. Wir schicken nur einen Teil von uns, die äußere Fassade, auf die Suche nach Gott. Wahrhafte Gottsuche aber fordert den ganzen Menschen ein in letzter Ehrlichkeit. Das ist sehr schmerzlich, und doch ist es der Schmerz der Geburt des neuen Menschen in uns.

Auf diesem schweren inneren Weg tröstet uns die Gewißheit der göttlichen Führung, das Licht des Sterns von Betlehem in unserem eigenen Herzen: »Als sie den Stern sahen, empfanden sie eine überaus große Freude.« Aus dem inneren Sollen wird nun ein Dürfen. Niederknien und anbeten vor dem göttlichen Kind, das ist die eigentliche Entthronung und Entmachtung unseres eigenen herrschsüchtigen Ich. Das bedeutet aber auch: selber zum Kind vor Gott, zum Kind Gottes werden. Nur wenn wir den inneren Weg zur Gotteskindschaft gehen, der immer auch ein innerer Kampf ist, werden wir die wahre, wirksame Gotteskindschaft erlangen, die alle Gleichgültigkeit und rücksichtslose Selbstbehauptung überwindet.

Im Wörtchen »mit« liegt das Geheimnis Christi

Es gibt Feste, die haben etwas Verspieltes an sich. Wir brauchen nur an unsere Weihnachtskrippen zu denken, bei der heute die Drei Könige ihren großen Auftritt haben. Dabei geht es heute eigentlich um eine sehr ernste Frage: Was ist mit denen geworden, für die die Drei Könige stehen, mit den sogenannten Heiden? Paulus sagt in der heutigen Lesung: »Mir wurde das Geheimnis Christi mitgeteilt, daß die Heiden Miterben sind, mit zu demselben Leib gehören und an derselben Verheißung in Christus Jesus mit teilhaben durch das Evangelium.«

Das Geheimnis Christi ist das Wörtchen »mit«. Christus lebt vor aller Zeit mit dem Vater und mit dem Heiligen Geist im tiefsten Einssein unendlicher Liebe. Dieses Geheimnis wurde uns geoffenbart in der Menschwerdung Jesu, die sich vollendet in Tod und Auferstehung und in der Sendung des Heiligen Geistes. So soll es allen Menschen als Geschenk der Gnade ermöglicht werden, mit Christus zu leben und durch ihn mit dem Vater und dem Heiligen Geist, aber auch miteinander – in immer größerer Liebe.

Was ist aus der Botschaft des Apostels Paulus geworden? Wo ist das Licht des Sternes von Betlehem hingedrungen? Denken wir etwa an Afrika. Die am Ende des Römischen Reiches blühenden christlichen Gemeinden Nordafrikas sind im Sturm des Islam untergegangen. Die neuzeitliche Missionsarbeit hat in Zentral- und Südafrika viele Menschen gewinnen können, aber wiederum drohen hier fanatisierte Muslime alles Christliche zu zerstören. Was ist mit den alten Kulturen und Religionen des fernen Ostens und mit ihrer Weisheit? Was ist mit China, mit Indien, mit Japan? Meist sind es nur verschwindend kleine christliche Gruppen, die sich in diesen Ländern und im Schatten der nichtchristlichen Religionen bilden konnten – wobei die in ihnen lebendigen Keime der Weisheit vom praktischen Materialismus moderner Zivilisation ebenso bedroht sind wie das Christentum.

Warum haben in all den Jahrhunderten und Jahrtausenden so wenige aus diesen Religionen den Weg zu Christus gefunden? Es fehlte ihnen der Stern von Betlehem, das ist das Licht des gelebten Evangeliums, das Licht der Liebe. Die den Stern suchen, sehen stattdessen oft nur schwarzes Dunkel. Und dennoch leuchtet das Licht in der Finsternis. Damals wie heute erfüllt das Licht des Sternes Menschen mit überaus großer Freude. Es gibt erfreuliche Beispiele von helfender, teilender, liebender Partnerschaft mit Menschen in der sogenannten Dritten Welt. Ansteckende Beispiele, die zeigen: Es ist nie umsonst und nie zu spät, anzufangen mit der Liebe.

B Fasten und Osterzeit

Er will uns alles schenken

Wir kennen wohl alle das Erlebnis, auf einem hohen Berg zu stehen und von oben weit ins Land zu schauen. Die Welt unten wird kleiner, vielleicht auch unsere Probleme; wir freuen uns der weiten Aussicht, wir fühlen uns freier und näher bei Gott. So ähnlich, wie auf einem hohen Berg, empfinde ich die Worte der Lesung (Röm 8,31-34): »Ist Gott für uns, wer ist dann gegen uns?« Und dann schauen wir auf das Gipfelkreuz: »Er hat seinen eigenen Sohn nicht verschont, sondern ihn für uns alle hingegeben – wie sollte er uns mit ihm nicht alles schenken?« Freilich wecken diese wenigen Worte in uns auch Fragen: Wer ist eigentlich gegen mich? Was empfinde ich in meinem Leben als gegen mich gerichtet? Bin ich es oft nicht selbst, der »gegen mich« ist, vor allem dadurch, daß ich nicht wirklich für Gott bin, wo er doch ein Gott für mich und für uns alle ist? So klagt mich mein Gewissen an.

Da sagt Paulus das tröstliche Wort: Gott ist es, der gerecht macht. Wir müssen es nicht, wir können es nicht. Gott hat seinen Sohn für uns hingegeben. Jesus Christus tritt für uns ein. In ihm will Gott uns alles schenken. Was ist dieses »alles«? Etwa die ganze Welt, das, was wir vom hohen Berg aus erschauen? Mit einem Alles, das in dieser oder jener Weise die Welt ist, würde sich aber die tiefste Sehnsucht unseres Herzens nie zufriedengeben. Alles, das ist die immer tiefere Erkenntnis, der immer festere Glaube, daß Gott wirklich für uns da ist, trotz all unserer Schwäche und all unserem Versagen; daß Gott mich wirklich liebt. Dann aber will Gott uns umwandeln, indem der Heilige Geist uns hineinzieht in das Opfer, in die Hingabe Jesu Christi an den Vater. Jesus Christus tritt für uns ein, indem er sich beständig liebend an den Vater hingibt. Sein Sterben und Auferstehen ist gleichsam in die Ewigkeit eingegangen. Hingabe ist die Grundgestalt des Daseins Jesu.

Das geheimnisvolle Alles, das Gott uns schenken will, ist die Fülle des Liebesaustausches zwischen Vater und Sohn im Heiligen Geist. Diese Fülle der Liebe ist das Höchste, das es gibt, ist wirklich alles. Wir sollen dieses Alles nicht nur empfangen, wir sollen in der Gemeinschaft mit dem dreieinigen Gott auch immer mehr fähig werden zu geben. Alles, die Fülle der Liebe, heißt also: Gott für uns, wir für Gott und wir füreinander.

Das Kreuz und die Geduld

Ein Sonntag der Fastenzeit gilt in der Ostkirche in besonderer Weise der »Verehrung des heiligen, kostbaren und
lebenspendenden Kreuzes«. Der hymnische Lobpreis
läßt das Kreuz in Goldglanz erstrahlen. Doch das Kreuz
ist ein sehr hartes Holz. Es steht für die äußerste Begrenzung des Menschen, nicht nur für den Tod, sondern für
den Tod in äußerster Qual und Schande. Im Evangelium
sagt Christus, der für uns gehorsam war bis zum Tod, bis
zum Tod am Kreuz: »Wer mir nachfolgen will, verleugne sich selbst und nehme sein Kreuz auf sich und folge
so mir nach.« Wie wird mein Kreuz Christi Kreuz, und
wie wird Christi Kreuz mein Kreuz? Wie verbindet sich
beides? Wie wird mein Alltag zur Teilhabe am Kreuz
Christi? Wie kann ich Anteil nehmen am Leiden Christi?
    Ein großer Meister des geistlichen Lebens, der hl.
Benedikt, gibt darauf eine ganz einfache und gerade
darum so schwer zu befolgende Antwort: »Durch die
Geduld!« Geduld ist in der Benediktregel ein Grundwort
für den Weg zu Christus und mit Christus. Durch die
Geduld haben wir Anteil am Leiden Christi, um so auch
Anteil zu erhalten an seiner Herrlichkeit. Der österliche

Weg ist der Weg der Geduld. Benedikt wird nicht müde, das Hohelied der Geduld zu singen. Einmal (im 7. Kapitel) erreicht es einen geradezu mystischen Klang: »In allen Widrigkeiten«, ja in allem Unrecht, »soll der Mönch bewußt schweigend die Geduld umarmen.« Die Geduld ist die Braut des Mönches – und jedes Menschen auf dem Weg des geistlichen Lebens –, die ihn zu Christus führt, um mit dem Kreuz Christi und damit mit dem Gekreuzigten selbst, der immer auch der Auferstandene ist, eins zu werden. Geduld wird nur dort zu dieser Erfahrung, wo sie auch Unrecht erträgt und auf diese Weise die Feindesliebe mit einschließt.

Am Schluß der Regel kommt Benedikt noch einmal auf diese Geduld zu sprechen: »Die Mönche sollen ihre leiblichen und charakterlichen Schwächen gegenseitig mit größter Geduld ertragen.« Man kann aber auch übersetzen: »Sie sollen ihre eigenen Schwächen mit größter Geduld ertragen.« Mit sich selbst Geduld haben, sich selbst ertragen, das ist vielleicht die tiefste Gnade, die vom Kreuz Christi in unser Leben strömt. Was ist das Kreuz? Darauf gibt es eine ganz einfache Antwort: Das Kreuz ist die Geduld Gottes mit uns Menschen.

Wer glaubt, erfährt Auferstehung mitten im Leid

Wir sind immer wieder versucht, zu fragen: Warum verhindert Jesus das Leid nicht? Das Evangelium von der Aufweckung des Lazarus sagt uns: Glaube ist nicht dazu da, Leid zu verhindern, sondern mitten im Leid Auferstehung zu erfahren. Wenn wir versuchen, von innen her auf dieses Evangelium zu hören, mögen uns aus der Fülle der Frohbotschaft vier Dinge besonders berühren.

Einmal: der leise Ruf. Martha sagt »heimlich«, »leise« zu ihrer Schwester Maria: Der Meister ist da und ruft dich. Zum Glauben gehört der durch den Mitmenschen vermittelte »leise« Anruf Jesu. Hören wir ihn, gehen wir auf diesen Ruf ein, wo immer er uns trifft? Sind wir bereit, aus uns selbst herauszugehen?

Dann: der laute Ruf. Jesus ruft mit lauter Stimme: Lazarus, komm heraus! Setzen wir für »Lazarus« unseren eigenen Namen ein: »Emmanuel«, komm heraus aus der Höhle deiner Selbstverschlossenheit, aus deinem mangelnden Vertrauen, aus deiner fehlenden Hingabe, aus deiner ach so schwachen Liebe! Komm heraus! Steh auf, ändere dich, werde ein neuer Mensch!

Eine dritte geheimnisvolle Stelle: Jesus wälzt den Stein nicht etwa selbst vom Grab weg. Vielmehr, er läßt die Leute den Stein wegwälzen, den sie selbst vor das Grab gewälzt hatten. Der vor das Grab gewälzte Stein ist ein schreckliches Symbol: Mit diesem Menschen ist es aus, es ist nichts mehr zu machen, sein Leben »stinkt zum Himmel«. Glaube an Auferstehung heißt: nicht nur für uns selbst, sondern auch für unseren Mitmenschen an Auferstehung glauben. Das heilende, das erweckende Wirken unseres Herrn läßt sich von unserer Glaubenszuversicht für andere nicht trennen. Sie wälzt den Stein weg der Urteile und Vorurteile über andere. Sie sagt nicht: Da ist nichts mehr zu machen. Sie hält immer, und sei als gläubige Fürbitte, die für uns unvorstellbaren Möglichkeiten Gottes für einen Menschen offen. Der Glaube schließt immer die Möglichkeit von Auferstehung ein.

Schließlich: Wo ein Mensch sich aufmacht, dem Ruf Jesu zu folgen und sein Leben zu ändern, da sind wir von Jesus gerufen, ihm »die Binden zu lösen«, ihm liebevoll aus Gebundenheiten zu verhelfen, soweit es in unserer Macht steht, damit er – wenn auch noch geschwächt und mit Fehlern behaftet wie wir alle – gehen kann. So verwirklicht sich Gemeinschaft im Glauben als Gemeinschaft des Glaubens an Auferstehung.

Einander die Füße waschen

Abschied Jesu von seinen Jüngern. Menschlich gesehen, ein Abschied für immer. Was er in dieser letzten gemeinsamen Stunde sagt und tut, ist sein Vermächtnis. Die Eucharistie ist der Inbegriff seines Weges für uns und mit uns, Inbegriff seiner Hingabe an den Vater, Inbegriff der Hingabe seines Lebens für uns, Gehorsam aus Liebe. Diese Hingabe und dieser Gehorsam aus Liebe nimmt nochmals sichtbare Gestalt an in der Fußwaschung. Und dabei sagt Jesus: »Begreift ihr, was ich an euch getan habe? ... Wenn ich, der Herr und Meister, euch die Füße gewaschen habe, dann müßt auch ihr einander die Füße waschen.«

Was bedeutet das: einander die Füße waschen? Was bedeutet, das Geheimnis der Fußwaschung zu leben versuchen? In diesem Liebesdienst aneinander, wo wir uns gegenseitig annehmen und gleichzeitig geheimnisvolle Werkzeuge in der Hand Jesu sind und einander zu Christus führen, liegt unsere tiefste Erfüllung als Christen. Hier vollzieht sich das, was wir Selbstverwirklichung nennen, aber Selbstverwirklichung als Glaubende, die durch Christus zur Liebe berufen sind.

Um uns die Tragweite dessen ein wenig klarer zu machen, was da von uns verlangt wird, vollziehen wir einmal in Gedanken folgendes heilige Spiel: Rechts und links von uns sind je sechs Stühle leer. Setzen wir nun auf die rechte Seite sechs Menschen, die wir kennen, angefangen von einem, der uns relativ gleichgültig ist, dann Menschen, mit denen wir uns zunehmend gut verstehen, bis hin zu unserem besten Freund. Und dann links ebenfalls sechs Menschen: einer, der uns relativ gleichgültig ist, dann zunehmend uns unsympathische Menschen bis schließlich zu unserem ärgsten Feind, zum »Judas« unseres Lebens, wie wir meinen, der uns besonders weh getan hat. Und nun sollen wir als Zeichen liebender, zärtlicher Zuwendung die Füße waschen, die Füße küssen. Was wird da in uns vorgehen?

Wir werden ehrlicherweise bei diesem oder jenem Menschen sagen müssen: Unmöglich! Mit dem ist Versöhnung unmöglich. Ja, aber bei Gott ist alles möglich. Bei der Liebe, die Christus uns aufträgt, geht es nicht um Sympathie oder Antipathie. Vielmehr steht der, der die Füße wäscht, immer in geheimnisvoller Beziehung zu Christus. Er kann diesen Dienst überhaupt nur leisten, wenn Christus durch den Heiligen Geist in ihm Gestalt gewinnt und so Christus selbst in einem und durch einen Menschen seine Liebe weiterschenkt. »Ohne mich könnt ihr nichts tun«, sagt Jesus heute in den Abschiedsreden. Vor allem können wir ohne ihn niemals wirklich lieben.

Abschied nehmen, um eins zu werden

Gründonnerstag: der Abend des Abschieds, die Nacht des Abschieds und mitten darin die Freude eines immer bleibenden Einsseins mit dem Herrn. Der von uns scheidet, bleibt doch geheimnisvoll unter uns zugegen. Jesus nimmt einen dreifachen Abschied und zeichnet damit einen Weg vor, der auch für uns gilt.

Jesus nimmt Abschied von den Seinen. Er wird nicht müde, von der Notwendigkeit seines Hingehens zu sprechen, damit durch diesen Abschied die Einheit in seinem Geist, im Heiligen Geist, gestiftet und immer mehr vertieft wird. Auch wir müssen immer wieder lernen, Abschied zu nehmen von unserem Nächsten – nicht erst in unserer Todesstunde. Wir müssen lernen, ihn loszulassen und nicht festzuhalten, ihn nicht für uns haben zu wollen, um ihn, wer er auch sei, täglich neu als Geschenk erfahren zu dürfen.

Jesus nimmt Abschied von sich selbst. Das geschieht nicht erst in der Todesstunde, sondern vor allem in Getsemani, wo er von seinem Willen, vom Heiligsten und Innersten, was der Mensch hat, Abschied nimmt: Vater, nicht wie ich will, sondern wie du willst. Er nimmt

Abschied von sich selbst, indem er den Willen des Vaters dienend erfüllt. Die Fußwaschung faßt zeichenhaft sein ganzes Heilstun zusammen. In seinem Abschiednehmen zeichnet er unseren Weg vor: daß wir im Dienen immer neu Abschied nehmen von uns selbst, um zugleich in diesem Dienen die letzte Einheit mit uns selbst, mit unseren letzten Möglichkeiten und unserem innersten Wesen zu erfahren; daß wir schenkend Liebende und liebend Schenkende werden dürfen.

Jesus nimmt am Kreuz in seinem Ruf: »Mein Gott, mein Gott, warum hast du mich verlassen!« Abschied von dem verborgenen Gott, um in dieser tiefsten und äußersten Erfahrung von Abschied hineinzutauchen in das Geheimnis der Verwandlung, das dann in der Auferstehung als letztes und höchstes Einssein mit dem Vater erstrahlen wird. Auch wir müssen Abschied nehmen von vertrauten Gottesvorstellungen, Abschied von dem Gott der Kindheit, Abschied von dem Gott der Garantien für mein Leben, Abschied von dem Gott der weihevollen Stunden. Der Gekreuzigte ist das Fragwürdigwerden all unserer Gottesbilder. Nur mit dem Gekreuzigten können wir uns selbst loslassen und hineinfallen lassen in den je größeren Gott, daß er uns auferwecke zu lebendigem Glauben und zur lebendigen Einheit mit ihm.

Nicht Opfer bringen, sondern Opfer sein

Abschiedsmahl, Fußwaschung, Getsemani mit der Todesangst und der Hingabe in den Willen Gottes. Gibt es ein Wort, in dem die innerste Wirklichkeit dieses dreifachen Geschehens zum Ausdruck kommt? Es ist das Wort »Opfer«. Wir erschrecken, wenn wir »Opfer« hören. Für viele ist das Wort belastet. Wir spüren darin Minderung, schmerzliches Loslassen und Verzichten, unter Umständen sogar selbstquälerische Selbstzerstörung. Wir denken: Alles andere, nur kein Opfer bringen!

Aber es geht nicht darum, Opfer zu bringen, sondern Opfer zu sein. Christus bringt kein Opfer, er ist das Opfer. Er befreit uns aus den Zwängen, Opfer zu bringen, indem er uns ermöglicht, durch ihn und mit ihm und in ihm Opfer zu sein. Wir haben dafür ein schönes Wort: Hingabe. Das innerste Wesen Jesu ist reine Hingabe im Heiligen Geist an den Vater. In ihm, in Christus, ist die ganze Schöpfung von Ewigkeit her zur Hingabe an den Vater, zum Opfer des Lobes, zum Lobpreis des Vaters bestimmt.

Jesus Christus erscheint in dieser Welt als der Gottmensch in der Gestalt reiner Hingabe. Er sühnt alle verweigerte Hingabe des Menschen und der Menschheit durch seine Todesangst, durch sein Leiden und Sterben, durch das Ganzopfer seines Lebens. Die Bestimmung der ganzen Schöpfung, Gabe an Gott zu sein, zeigt sich an der Wandlung von Brot und Wein in sein Fleisch und Blut. Seine Hingabe an den Vater wandelt seinen Todesleib in den Auferstehungsleib. Hingabe und Opfer wirkt auch die Verwandlung unserer selbst in unser wahres Wesen.

Und was ist unser wahres Wesen? Kirche sein! Vielleicht denken hier viele wie beim Wort Opfer: Alles andere, nur das nicht! Was für eine Wirklichkeit ist mit dem Kirchesein gemeint? Daß wir miteinander und füreinander da sind in der Gliedschaft am geheimnisvollen, dem mystischen Leib Christi, um als Gemeinde durch Christus im Heiligen Geist zum Vater zu gehen. Die Hingabewirklichkeit unseres wahren Wesens gründet in der Hingabewirklichkeit Jesu Christi, so wie sie in der Feier der Eucharistie immer neu gegenwärtig wird. Der mystische Leib Christi, der wir sind, und der eucharistische Leib Christi, den wir in der Kommunion empfangen, bilden unsere dynamische, wachsende Liebeshingabe und Liebeseinheit im dreieinen Gott. Oder, wie Augustinus prägnant sagt: »Empfange, was du bist, und sei, was du empfängst« – Empfange den eucharistischen Leib, denn du bist mystischer Leib, und sei durch den eucharistischen Leib immer mehr und immer tiefer mystischer Leib, Kirche.

Es ist gut so

Karfreitag. Wir stehen vor dem Kreuz, unter dem Kreuz. So manche von uns werden die tiefe Stille kennen, die sich ausbreitet, wenn ein Sterbender den letzten Atemzug getan hat und der Tod eingetreten ist, ein unaussprechlicher Frieden. Wir knien nieder in der Anbetung des Karfreitagsfriedens, den der Gekreuzigte ausströmt. Das Geheimnis dieses Friedens liegt in dem Wort: Es ist vollbracht.

Ein geheimnisvolles Wort. Man könnte es auch übersetzen: Es ist erfüllt, vollendet, zu Ende gebracht, zum Ziel gelangt. Wie können wir es für unser heutiges Verstehen in ganz einfachen Worten wiedergeben? Wenn einer sich bemüht, etwas zu vollenden, und wir sehen, daß er sein Werk geschafft hat, sagen wir: Es ist gut so. »Es ist vollbracht«, das heißt für uns soviel wie: »Es ist gut.« Der Sohn Gottes hat alles Werk vollbracht, das der Vater ihm aufgetragen hat. So dürfen wir auch sagen: Es ist alles gut.

Wie klingt dieses Wort in unserem Leben? Regen sich nicht Zweifel: Alles gut? Ist das nicht das unglaubhafte Plädoyer für eine »heile Welt«? Nein, es ist die Botschaft von einer ein für allemal erlösten Welt. Das Schlechte und das Böse behalten nicht die Oberhand in der Welt. Das Gute ist die letzte, geheimnisvolle Möglichkeit der Schöpfung, von der es am Anfang der Bibel heißt: »Und Gott sah, daß es gut war, daß es sehr gut war.« Wie können wir das im innersten Herzen spüren und nachvollziehen?

Das wird uns nur offenbar, wenn wir nach Golgota gehen, wenn wir uns vom Gekreuzigten anschauen lassen und ihn anschauen. Im Blick des Herrn wird uns bewußt, wie wenig wir in unserem Leben seiner Liebe entsprechen, die gleichsam vom Kreuz her mit den Worten auf uns zukommt: Ich habe dich im Ernst geliebt. Wenn er uns liebevoll anschaut und annimmt, dann wird es möglich, daß wir uns endlich nicht mit unserer Selbstverschlossenheit und Lieblosigkeit im Wege stehen, sondern im unbedingten Bejahtsein durch einen restlos liebenden Gott antworten können und tief innerlich erfahren: Es ist gut, es ist alles wieder gut. Dann werden wir dem Gekreuzigten alles hinlegen und ausbreiten, was unser Kreuz ist, unsere kleinen und großen Kreuze, um es unter dem Blick des Gekreuzigten als sein Kreuz, das er in mir und mit mir tragen will, wieder aufzunehmen und Ja dazu zu sagen.

Grenzenlose Bejahung

Es gehört zur Armut unseres heutigen Lebens, daß uns eins der tiefsten Erlebnisse weithin genommen ist: beim Sterben eines nahestehenden Menschen dabeizusein, den letzten Augenblick mitzuerleben, diesen Hinübergang – ob friedlich oder nach schmerzlichem Kampf –, wenn jener geliebte Mensch nun plötzlich »ganz woanders« ist. In sein irdisches Dasein ist eine geheimnisvoll neue, so ganz andere Dimension hineingebrochen. Die Zeichen unserer Liebe reichen nicht mehr dorthin, wo er jetzt ist. Verzagt und zugleich staunend und ahnend tasten wir immer wieder an die Grenze des Todes, an die letzte Intensität, die in der Unbedingtheit des konkret erlebten Todes liegt.

Was für eine Vorstellung haben wir vom Sterben Jesu? Nach dem Markus- und Matthäusevangelium stirbt er »mit einem Schrei« nach den Worten »Mein Gott, mein Gott, warum hast du mich verlassen«. Bei Lukas empfiehlt er seinen Geist in die Hände des Vaters. Im Johannesevangelium spricht er: »Es ist vollbracht.« Welche Botschaft ist die wahre? Die Wahrheit ist die Botschaft aller vier zusammengenommen: der Schrei und die Hingabe, die Gottverlassenheit und die Zuversicht. Und welches ist die Dimension, in die Jesus hinübergegangen ist und die uns in seinem Sterben aufleuchtet? Es ist der Liebeswille seines Vaters, für den er gelebt hat, in dem er aufgegangen ist, für den er sich bis zum letzten hingeschenkt hat. Dieser Liebeswille soll sich als Schöpfungs- und Erlösungswille an seiner, des dreieinigen Gottes Welt vollenden.

So stehen wir an diesem Grab mit Blumen und mit Kerzen, mit den Zeichen unserer Liebe, Zeichen für unser Ja, unser Leben ganz im Willen des Vaters zu leben, Zeichen für unsere Bereitschaft, den Eigenwillen zu verlassen, aus uns selbst auszuwandern, uns selbst zu sterben, um immer neu liebend hinüberzugehen in die Erfüllung des väterlichen Willens, um ganz und gar zu leben in der unendlichen Weite, in dem unendlichen Leben des dreieinigen Gottes. Wir wollen aus ganzem Herzen einwilligen in das Wort eines großen abendländischen Hymnendichter (Gottfried Arnold, 1666-1714): »Ja, ich find' die tiefste Stille, wenn am Kreuze hängt mein Wille.« Das ist es: mit Christus sterben, um mit ihm zum größeren Leben im dreieinigen Gott zu erwachen.

Verwandelte Nacht

Der Weg durch die Osternacht ist ein Bild unseres Lebens. Wir gehen durch die Nacht unserer Leiden und Ängste, aber wir tragen in den Händen ein Licht, das die Nacht unseres Lebens verwandelt. Aus der Nacht der Leiden, Ängste, Zweifel wird die Nacht des unaussprechlichen Geheimnisses! Wir erfahren die Entgrenzung der Nacht als Erfüllung der kaum sagbaren Sehnsucht unseres Herzens.

Das Geheimnis des Lichts, das wir in den Händen tragen, die verwandelnde Kraft dieses Lichts, das wir tragen dürfen, liegt in den drei Worten: Christus ist auferstanden. Als der Sieger über Sünde und Tod hebt er die Trennung auf. Er hebt auf, was uns trennt von uns selbst. Er hebt auf, was uns trennt voneinander. Er hebt auf, was uns trennt von Gott. Im Licht der Auferstehung wird uns das tiefste Einssein geschenkt: die Teilhabe an dem unaussprechlichen Einssein von Vater, Sohn und Heiligem Geist. Christus ist auferstanden: Das ist der Weg in das Einssein.

Vor der brennenden Osterkerze wurde der schönste Lobpreis gesungen, der in der Römischen Kirche erklingt, das Exsultet. Es ist der Lobpreis unseres Lebens. Denn die Nacht geht der Morgenröte entgegen. Es erstrahlt ein Licht, das über Dunkel, Zweifel und Verzweiflung, Anfechtung und Versuchung auf dieser blut- und tränengetränkten Erde immer wieder den Lobpreis ermöglicht. Im Licht der Osterkerze wandelt sich selbst die Schuld in glückselige Schuld. Der Lobpreis ist das unendliche Ja zum Leben, das in der Auferstehung unseres Herrn aufstrahlt als das uns bestimmte Leben. Wir dürfen miteinander das Einssein leben im Lobpreis.

Das Licht, das wir gläubig in Händen halten, sendet uns in das Dunkel dieser Welt, daß wir Diener des wahren Lebens werden. Helfen wir, daß wirkliches Leben gelebt werden kann in einer lieblosen, haßerfüllten, zerstrittenen, egoistischen Welt! Im Licht von Ostern wandeln heißt ja sagen zu einem Leben schenkender Liebe. Dieses Ja muß freilich auch immer wieder ein Nein sein zum Leben des Hasses, des Neides, der Arroganz, des Egoismus. Dieses Ja und Nein macht die Spannung unseres Lebens aus. Weil wir das Osterlicht in uns tragen, wird das Ja siegen, und wir werden in einem erfüllten Leben voller Dankbarkeit Einssein im Lobpreis erfahren.

S. 72

Das Urwort Jesu

Wenn wir miteinander auf dem Weg durch die österliche Nacht das Glaubensbekenntnis sprechen, Wort um Wort, Geheimnis um Geheimnis, bewegt uns die Frage: Wo ist das *eine* Wort, welches ist das *eine* Geheimnis, in das hinein alle Worte und Geheimnisse münden? So wie wir bei der Weihe des Taufwassers zum Wasser gegangen sind als dem Urelement der Schöpfung, gleichsam dem Ursprung und Band, das alles umschließt und trägt, so bewegt uns die Frage nach dem tragenden Grund, nach dem Wort, das diesen Grund uns enthüllt. Wie das Wasser etwas ganz Einfaches und Selbstverständliches für unser Menschenleben ist, so ist auch dieses Wort und das Geheimnis, das es umschließt und zugleich enthüllt, etwas ganz Einfaches und Selbstverständliches in unserem Leben und eben doch Geheimnis, uns in seinem Lebensgehalt und in seiner Lebensfülle immer wieder verborgen. Dieses Wort lautet: Vater.

Vater ist das Urwort Jesu. Der Auferstandene will nichts anderes, als daß er sich kundtue als Sohn des Vaters. Er will uns seinen Geist neu ins Herz senden, daß wir im Geist der Sohnschaft als Kinder Gottes mit der gleichen herzinnigen Kraft wie der eingeborene Sohn sprechen können und sprechen dürfen: Vater!

Das Wort verströmt unsagbares Licht über die blut- und tränengetränkte Erde: Vater. Sprechen wir in jenem rückhaltlosen Vertrauen wie der Sohn: Vater. In jener nicht rücknehmbaren Hingabe wie der Sohn: Vater. In jenem selbstvergessenen Sich-Verschenken, das Antwort gibt auf eine immerströmende Liebe und das nicht anders kann als empfangen und zurückströmen lassen in der Kraft des Geistes: Vater.

Es ist alles ganz einfach, wenn man einwilligt, sich selbst loszulassen, mit Christus zu sterben und mit ihm durch den Tod hindurch neu geboren zu werden zur strahlenden Herrlichkeit der Kinder Gottes. Es ist einfach, ganz einfach, ein Kind zu sein, wenn man bereit ist, sich tragen zu lassen, in den Armen und am Herzen des Vaters zu ruhen wie der Sohn in der Seligkeit des Geistes.

So wollen wir uns loslösen von allem, was uns an uns selbst bindet, um in brüderlich-schwesterlicher, geschwisterlicher Gemeinschaft als Kinder Gottes miteinander aus der Taufe neu zu leben, liebend einander und der ganzen Schöpfung zugewandt.

Ich widersage – Ich glaube

Ja – Nein

Bei der Erneuerung unseres Taufgelübdes in der Feier dieser Nacht geht es um unsere ureigenste Antwort. Diese Antwort, die über Wohl und Wehe unseres inneren Menschen entscheidet, enthält gleichermaßen eine Absage und eine Zusage. Beides ist so ineinander verschränkt und fordert uns mit unserem ganzen Wesen ein, daß uns so etwas wie ein Gefühl tiefster Ohnmacht befällt. Oder sind wir so selbstsicher, ohne Bedenken zu sagen: »Ich widersage! Ich glaube!«? Klingt nicht in jedem »Ich glaube« jener biblische Hilfeschrei mit: »Ich glaube, Herr, hilf meinem Unglauben«? Und schwingt nicht in jedem »Ich widersage« verborgen mit: »Ich will, aber ich kann nicht«? Oder noch ärger: »Ich kann, aber ich will gar nicht«?

Versuchen wir uns an eine Situation zu erinnern, wo wir um unserer inneren Überzeugung, unserer Glaubensüberzeugung willen einer Person oder Sache oder Verhaltensweise abgesagt, widersagt, entsagt haben – und das für immer. Was hat uns das gekostet? Und bleiben nicht immer wieder diese Verlockungen: »Das ist doch alles nicht so schlimm, so lebt man doch heute«?

Die Massenmedien zeigen, wie man heute lebt. Sie wecken weithin Neugier, Habgier, Machtgier, Rachgier, Gier nach Genuß jeglicher Art, so daß man meint, damit alle Trümpfe eines fortschrittlichen Lebens in der Hand zu haben. Zeigt sich darin nicht ein geradezu unheimlicher Sog, die Macht der Finsternis, die uns selbst noch angesichts der Opfer von Gewalt und Gier glauben machen möchte, daß es diese Macht gar nicht gebe?

Das »Ich widersage« ist in seiner Ungeheuerlichkeit immer gebunden an die Ungeheuerlichkeit des »Ich glaube«: Ich darf glauben! Die Macht der Finsternis, der wir widersagen, wird als solche nur erkannt im Licht des Glaubens, genauer, im Licht des dreieinigen Gottes, im Licht des Vaters, des Schöpfers, im Licht des gekreuzigten und auferstandenen Erlösers und im Licht des Heiligen Geistes. Dieser Heilige Geist ist die andere, die gute Kraft, die Energie des ewigen Lebens, die in uns wirksam ist, in der Gemeinschaft der Gläubigen. Auf dieses Licht und diese Kraft des dreieinigen Gottes setzen wir in aller Finsternis unser ganzes Vertrauen. Seiner Energie, deren unerschöpfliche Quelle uns heute durch die Auferstehung Christi erschlossen worden ist, übergeben wir mit dem »Ich glaube« unsere ganze Schwachheit, damit in ihr Gottes Kraft zur Vollendung komme.

Geh und künde meinen Brüdern

Auf dem Weg von Ostern begleitet uns Maria Magdalena, die Apostelgleiche, wie sie von der Ostkirche genannt wird. Wer war diese Frau, der der Auferstandene zuerst erschienen ist? Eine Frau, die der Herr aus ihrer Zerrissenheit in Leidenschaften geheilt hat. So wurde sie zu der großen Liebenden, die ihn bis unter das Kreuz begleitet hat. Unsere Leidenschaften sollen ja nicht ausgelöscht und zertreten, sondern geheilt und in eins gefaßt werden zu der großen Liebe, die uns fähig macht, den geliebten Herrn und Meister unseres Lebens bis unter das Kreuz zu begleiten.

Maria weint. Sie sucht ihren Herrn, sie sucht mit der Inbrunst des Herzens noch den Leichnam. Dann geschieht jene tiefe Begegnung, nach der wir uns wohl alle sehnen und von der wir an diesem Osterfest, so Gott will, angerührt werden – das wäre das größte Geschenk. Sie wird vom Herrn bei ihrem Namen gerufen: Maria! Und sie antwortet: Meister! Beim Namen gerufen sein, in der Tiefe unseres Wesens erweckt werden durch die Begegnung mit dem Auferstandenen – was würde näher liegen, als in dieser Begegnung zu verweilen, als in der liebenden Nähe des Auferstandenen gleichsam auszuruhen?

Aber der Auferstandene ist nicht festzuhalten: Rühr mich nicht an! Sie muß loslassen. Und sie wird zu den Jüngern gesandt, um ihnen die Botschaft von der Auferstehung zu bringen: Geh und künde meinen Brüdern! Es ist die einzige Stelle im Evangelium, wo Jesus die Jünger seine Brüder nennt. Wir alle sind zu den Menschen, den Brüdern und Schwestern Jesu, gesandt, um ihnen die Botschaft von der Auferstehung zu bringen, oder mehr noch: die Botschaft von seinem Vater, der unser aller Vater ist und in dessen Liebe wir als Brüder und Schwestern des Auferstandenen unendlich, grenzenlos geborgen sind. Den Menschen, die uns zur Seite gegeben sind, die Nähe des Vaters vermitteln, wo auch immer wir unseren Platz im Leben haben, das ist die uns aufgetragene Sendung.

Maria Magdalena, die große Liebende, sagt den Jüngern: Ich habe den Herrn gesehen. Gehen wir aus der Feier von Ostern in der Kraft dieser Glaubenserfahrung: Ich habe den Herrn gesehen, um alle Menschen als Brüder und Schwestern des Auferstandenen und als Kinder des himmlischen Vaters anzunehmen und sie etwas von der Nähe des Herrn in unserer Liebe spüren zu lassen.

Ein Herz und eine Seele

Aus der Apostelgeschichte erfahren wir, daß die ersten Christen das zu leben versuchten, worum Jesus nach dem Johannesevangelium im Abendmahlssaal den Vater gebeten hatte: daß alle eins sein sollen. So heißt es: Alle Gläubigen waren ein Herz und eine Seele. Keiner nannte etwas sein eigen ... Jedem wurde so viel zugeteilt, wie er nötig hatte. Diese Worte haben edelgesinnte Sozialisten und Kommunisten immer wieder fasziniert: Allen gehört alles gemeinsam. Auch wenn man nicht übersehen darf, daß es ein freiwilliger Weg ist und daß das Grundprinzip heißt: Ich schenke dir; was mein ist, ist dein!, und nicht etwa umgekehrt: Ich nehme mir; was dein ist, ist mein!, so besteht doch kein Grund, angesichts eines zusammengebrochenen Staatskommunismus uns darüber erhaben zu fühlen: Ist nicht auch unser Christentum in mancher Hinsicht zusammengebrochen? Sind wir Christen denn ein Herz und eine Seele? Wie ist das überhaupt möglich, daß Menschen auf Dauer ein Herz und eine Seele sind, um dann alles miteinander teilen zu können?

In dem kurzen Text aus der Apostelgeschichte wird der entscheidende Satz leicht überhört: »Mit großer

Kraft legten die Apostel Zeugnis ab von der Auferstehung Jesu, des Herrn, und reiche Gnade ruhte auf ihnen allen.« Miteinander eins sein, miteinander teilen, nichts sein eigen nennen außer der zu verschenkenden Liebe und Güte – das ist nur möglich im gemeinsamen Aufblick zum Auferstandenen. Lieben heißt gemeinsam in die gleiche Richtung schauen. Wer seinen Weg in die tiefste Gemeinschaft sucht, muß gemeinsam in die gleiche Richtung schauen; die Richtung aber ist der Auferstandene. In der Lebensgemeinschaft mit ihm im Heiligen Geist erschließt sich uns eine völlig neue Lebensqualität.

Freilich, ohne echte Umkehr und Wandlung in unserem Innern, verbunden mit dem Verzicht auf die vielerlei selbstsüchtigen Ansprüche, die unser ›liebes Ich‹ in seiner Unersättlichkeit immer wieder stellt, kommen wir nicht zu der beseligenden Erfahrung, daß uns im Auferstandenen und durch den Auferstandenen all das geschenkt wird und geschenkt werden soll, was uns im Tiefsten wirklich erfüllen und ausfüllen kann. Ein Herz und eine Seele sein wird dann zum geheimnisvollen Abglanz des dreieinigen Gottes, wo Vater, Sohn und Heiliger Geist in unbeschreiblicher Weise eins sind und alles miteinander teilen.

Durch verschlossene Türen

Wirklich intensiv gefeierte Ostern haben immer etwas Letztes an sich und sind darum ein radikaler Neubeginn. Es sind letzte Ostern für den alten Menschen in uns, der sterben muß, damit die Geburt des neuen Menschen in uns geschehen kann. Sterben und Auferstehen mit Christus als die Aktivierung des Taufpotentials in der Tiefe unserer selbst, das ist Neuschöpfung und Wiedergeburt des inneren Menschen; das ist das Reifen meiner geistlichen Existenz, deren letztes Ziel die Verklärung in Christus ist. Schwerwiegende Worte, aber vielleicht auch nur schön klingende Worte? Wie erfahre ich denn Neuschöpfung und Wiedergeburt und Verklärung in Christus? Ich erfahre sie in dem Maße, wie mir die Einheit und das Einswerden mit aller Schöpfung in Christus wichtig wird.

Jesus kommt durch verschlossene Türen. Er durchbricht unsere Angst und will als der Gekreuzigte und Auferstandene nicht nur »in unserer Mitte« sein, sondern er will unsere Mitte sein: die Mitte unseres Lebens, die Mitte des Kosmos. Er will als das von uns gelebt sein, was er von sich her immer schon ist. Aus der Begegnung mit ihm erwächst die Freude: Da freuten sich die Jünger, da sie den Herrn sahen. Es gibt kaum etwas, das so sehr Gemeinschaft und Einheit schafft wie die Freude.

Jesus will uns aber auch helfen, selbst durch verschlossene Türen zu gehen. Er will uns aus unserer ängstlichen Selbstverschlossenheit und Ichbezogenheit befreien. Er will uns helfen, durch verschlossene Türen den Weg zum Herzen unseres Nächsten zu gehen, um ihm den Frieden zu bieten. Friede ist Gemeinschaft, Friede ist Einheit. Für diesen Weg gibt Jesus jedem von uns den Heiligen Geist, damit wir in dieser Kraft persönlich erlittenes Unrecht verzeihen können und so Einheit schaffen, Einheit leben.

Der Weg zur Einheit ist ein verborgener Weg. Versöhnung beginnt nicht erst dort, wo ich ein Wort der Versöhnung spreche. Sie beginnt im eigenen Herzen, wo ich mich kraft des Heiligen Geistes, und nur so, zu allererst mit mir selbst versöhne und mich selbst annehme, um mich dann im liebevollen Denken zu öffnen für den anderen, um schließlich im Wort die Brücke zu bauen, um vom Denken, das Einheit schafft, über das Reden, das Einheit schafft, zum dienenden Tun zu kommen, das Einheit schafft.

Verwandelt durch den Heiligen Geist

Pfingsten stellt an uns die Frage: Wie erlangen wir die Gabe des Heiligen Geistes als lebendige Erfahrung? Eine Antwort steht in der Pfingstpredigt des Apostels Petrus. Dort heißt es am Schluß: »Gott hat ihn zum Herrn und Messias gemacht, diesen Jesus, den ihr gekreuzigt habt. Als sie das hörten, traf es sie mitten ins Herz.« Man könnte auch übersetzen: gab es ihnen einen Stich ins Herz. Auf ihre Frage: »Was sollen wir tun?«, antwortet Petrus: »Kehrt um! Laßt euch taufen zur Vergebung eurer Sünden. Dann werdet ihr die Gabe des Heiligen Geistes empfangen.«

Hier stehen wir mitten im Pfingstgeheimnis, so wie es uns betrifft. Die erste Einsicht ist: Der Empfang des Geistes ist gebunden an das Wort, zumal an das Wort von der Umkehr, der Buße, der notwendigen Änderung unseres Lebens. Wieso trifft das Wort des Petrus die Hörer mitten ins Herz? Weil es ihm gelingt, den inneren Herzensblick seiner Zuhörer auf den Gekreuzigten zu lenken: »Diesen Jesus, den ihr gekreuzigt habt!« Es kommt über sie die Erschütterung: Wie konnte ich! Wie konnte ich zu so etwas fähig sein! Immer habe ich nur mich gesehen. Die Sünde geht bis ins Auge hinein, so daß wir sie nicht mehr als Sünde zu sehen vermögen: Wie konnte ich so verblendet sein! Und dann die Erschütterung über die todbringenden Wirkungen der Sünde: Es muß einer sterben, am Kreuz verbluten, bis uns die Augen über unsere eigene Ich-Verfangenheit aufgehen.

Geistempfang ist nicht zu trennen von der Umkehr zum Gekreuzigten. Im Blick auf ihn läßt sich alle Sünde in einem Wort zusammenfassen: Undankbarkeit. Undankbarkeit als die Ursünde: nichts als Geschenk annehmen können, sondern von sich aus nach allem greifen und meinen, darauf einen Anspruch zu haben.

Daß mich der Heilige Geist berührt hat, zeigt sich, zusammenfassend gesagt, in meiner Liebe zum Gekreuzigten und zum Kreuz; in der wachsenden Einsicht in die eigene Ich-Verfangenheit und mein mörderisches Verhalten; in einem Bemühen um tiefere Dankbarkeit, die als tragende Grundkraft mein ganzes Leben durchdringt. Die Taufe am Anfang und immer neu das Bußsakrament öffnen uns für die Liebe, die vom Gekreuzigten ausgeht, die uns als Schmerz im Herzen trifft und durch den Geist verwandelt zu neuen Menschen.

Einheit aus der Kraft des Opfers

Wohin geht der Weg unseres Lebens, der Weg unserer Gemeinde? Woher gewinnen wir Orientierung in so viel Ratlosigkeit, woher Kraft in so viel Mutlosigkeit? Hören wir auf dem Hintergrund der vielen Fragen, Sorgen, Probleme, die uns heute bedrängen, noch einmal die Worte des Evangeliums: »Ich bin der gute Hirt. Ich kenne die Meinen, und die Meinen kennen mich, wie mich der Vater kennt und ich den Vater kenne.« Jesus Christus ist der Führer und Begleiter auf unserem Lebensweg, er, der in innigster Verbundenheit mit seinem Vater lebt, mit Gott, den auch wir unseren Vater nennen dürfen. »Wie mich der Vater kennt und ich den Vater«, das heißt: sie sind auf's innigste verbunden in einem ganz tiefen Verstehen, in einer ganz tiefen Liebe. Diese innige Verbundenheit und die Freude einer großen Geborgenheit, die daraus entspringt, sollen auch uns in der Gemeinschaft mit Christus zuteil werden. Das ist das Wichtigste auf unserem Weg: mit Christus zusammen leben, um mit ihm eins zu werden und eins zu sein.

Aufgabe des christlichen Weges ist es aber, nicht nur persönlich, als einzelne mit Christus im Glauben eins zu werden und zu bleiben, sondern wir sollen auch als Gemeinde mehr und mehr »ein Herz und eine Seele« werden, wie es von der Urgemeinde in Jerusalem heißt. Und wir sollen uns dann auch als Gemeinde verantwortlich fühlen für die Einheit und Einigkeit der Menschen in der ganzen Welt. Wir erfahren jeden Tag von immer neuen Konflikten, die nur zu oft in Katastrophen enden. Wir können täglich erleben, wie bei so vielen Bemühungen um Einheit, vom Politischen und Wirtschaftlichen, vom Geistigen und auch Religiösen her, so wenig herauskommt. Woran liegt das?

Schauen wir noch einmal auf Christus. Wodurch wird es möglich, daß wir mit ihm eins werden? Durch sein Opfer! »Ich gebe mein Leben hin für die Schafe.« Es gibt keine Einheit und Einigkeit und Sich-Verstehen ohne die Bereitschaft zum hingebenden Opfer, zur opfernden Hingabe, zum Dienst füreinander. Das wissen Ehepartner, Familien, Gemeinden, daß ohne diese Bereitschaft nichts zusammengeht. Aber handeln sie auch danach? Herrscht nicht im kleinen wie im großen das Gesetz des Egoismus, daß nur ja für mich möglichst viel herausspringt, daß nur ja die Interessen von mir und meiner Familie, meinem Geschäft, meiner Partei, meinem Unternehmen und so weiter nicht zu kurz kommen? Aus Egoismus entstand noch nie wirkliche Einheit. Sie ist nur möglich aus dem Opfer, dort, wo das eigene, oft so selbstsüchtige Ich über sich hinauswächst zum selbstlosen Dienst kraft der Gnade des dreieinigen Gottes.

Liebe heißt: Wir gehören zusammen

Der wichtigste, aber wohl auch der schwierigste Satz unserer Glaubensüberzeugung steht im 1. Johannesbrief: »Gott ist die Liebe.« Was ist hier eigentlich mit »Liebe« gemeint? Gibt es eine Deutung dieses vielstrapazierten Wortes, die alle Formen der Liebe, also etwa auch die Elternliebe, die Geschwisterliebe, die Freundesliebe, vor allem aber auch die Gottesliebe umschließen könnte? Auch wenn Liebe letztlich ein Geheimnis ist und bleibt, so lautet doch der Versuch einer Wesensbestimmung aus jüngster Zeit folgendermaßen: »Liebe ist das Bewußtsein des Zusammengehörens und die von Herzen kommende Annahme und Bejahung dieses Zusammengehörens mit all seinen Konsequenzen.« Schauen wir von hier aus auf das Wort des Johannesbriefes, dann erfahren wir: Gott weiß sich mit uns und mit seiner ganzen Schöpfung zusammengehörig. Er bejaht diese Wirklichkeit in einer tätigen Liebe, die alle meint, bis zur letzten Konsequenz, bis zur Hingabe seines Sohnes in Kreuz und Auferstehung. Gott meint alle, Gott liebt alle.

Wie nun kann die Überzeugung in mir wachsen, daß Gott die Liebe ist? Ein erster Schritt ist: in Dankbarkeit und Ehrfurcht den Spuren der Liebe Gottes in meinem Leben und in der Welt nachgehen. Wo habe ich über alles Begreifen hinaus Güte und Liebe erfahren, so daß ich mein Leben aus Gottes Hand als Ausdruck seiner Liebe entgegennehmen kann?

Ein zweiter Schritt: Der nur menschliche Blick auf Güte und Liebe verdunkelt sich immer wieder angesichts alles Schweren in meinem Leben und alles Schrecklichen in der Welt. Um Gottes Liebe zu erfahren, gibt es nur den Weg über den Gekreuzigten und Auferstandenen. Nur in der Begegnung, in der lebendigen, persönlichen Glaubensbegegnung mit ihm wird es mir möglich, die Zusammengehörigkeit nicht nur mit den Menschen zu leben, die mir besonders zusagen, sondern auf mein ganzes Lebensumfeld und alle Menschen zu erweitern, die die Liebe Gottes vielleicht gerade durch mich erfahren sollen.

Und ein dritter Schritt. Er knüpft an den Satz an: »Wer nicht liebt, hat Gott nicht erkannt.« Wenn wir anfangen, uns einander in tätiger Liebe zuzuwenden, wird im Blick auf Jesus Christus und seine unbedingte Liebe immer mehr die Erkenntnis wachsen, daß Gott Liebe ist – auch bis in das Dunkel hinein, wo wir keinen Erfolg, keine Anerkennung, keine Erwiderung unserer Liebe zu sehen vermögen.

Lobpreis verändert

Die Bibel kennt viele Geschichten von einschneidenden Veränderungen, die sich im Leben der Menschen vollziehen. Eine weniger bekannte wird in der Apostelgeschichte erzählt: Paulus und sein Begleiter Silas werden in Philippi von der aufgehetzten Stadtbehörde festgenommen, verprügelt, gefesselt, ins Gefängnis geworfen. Da geschieht in der Finsternis der Nacht die einschneidende Veränderung, die Befreiung. Lassen wir uns von einer solchen Geschichte als erstes befragen: Wo wünsche ich, daß sich in meinem Leben etwas ändert? Wo möchte ich mich selbst ändern? Wo möchte ich, daß sich bestimmte Situationen, in die ich eingespannt bin und unter denen ich leide, sich ändern? Wie ernsthaft wünsche ich, daß ich mich ändere, daß meine Situation sich ändert?

Vielleicht denken wir jetzt: Damals hatten sie es gut. Gott hat wunderbar eingegriffen: gesprengte Ketten, aufgesprungene Türen. Doch bei näherem Zusehen kam dieses Wunder der Befreiung nicht einfach »aus heiterem Himmel«, sondern es heißt: »Um Mitternacht beteten Paulus und Silas und lobsangen Gott, und die Gefangenen hörten ihnen zu. Da entstand plötzlich ein starkes Beben ... Sofort öffneten sich alle Türen, und die Fesseln fielen von allen ab.«

Was bewirkt die Veränderung, was schafft die Befreiung? Das Gebet, der Lobpreis. In der finstersten Nacht, im innersten Kerker preisen sie Gott! Wo ein Mensch in äußerster Gebundenheit und Ohnmacht sich aufmacht, Gott zu preisen, da hat ein solcher Lobpreis wahrhaft etwas Erschütterndes, so daß es für ihn die Freiheit bringt. Lobpreis in der Nacht! In der Nacht der inneren und äußeren Bedrängnisse, aber auch in der Nacht der Stille, des inneren Lauschens, wo man in der Einkehr bei sich selbst versucht, seine Situation neu zu sehen und vor Gott zu bringen.

»Um Mitternacht«: Christus kommt immer in der Nacht, um die Befreiung zu wirken, dort, wo wir ja sagen, wo wir dableiben, nicht davonlaufen, sondern bis ins Letzte aushalten. Bitten wir um die Kraft, unser Leben und die Dunkelheiten unseres Lebens im Lobpreis anzunehmen. Dann wird der Lobpreis im Leid uns verändern, inmitten der Dunkelheit Licht schenken, in allem Gebundensein Befreiung bewirken.

Universale Jüngerschaft

Die letzten Verse des Matthäusevangelium sind wie
ein gewaltiger Schlußakkord und zugleich strah-
lender Beginn. Jesus ruft seine Jünger, uns, auf einen
Berg. Ein Berg, dessen Spitze gleichsam den Himmel
berührt so wie der Berg der Seligpreisungen, die Jesus
uns verkündet hat, oder der Berg der Verklärung, zu dem
Petrus, Jakobus und Johannes mit ihm hinaufsteigen
durften. Aber am Anfang des Weges Jesu stand der Berg
der Versuchung, wo ihm alle Reiche der Welt gezeigt
wurden: »Das alles will ich dir geben, wenn du vor mir
niederfällst und mich anbetest.« Jesus widerstand der
teuflischen Versuchung und ging im Gehorsam den
schweren Weg des Kreuzes und so in die Herrlichkeit der
Auferstehung. Nur so ist ihm alle Macht gegeben worden. Jetzt fallen die Jünger vor ihm nieder und beten ihn
an, und das ist nicht nur Geste der Höflichkeit und der
Verehrung, sondern Ganzhingabe.

Aber unter den Jüngern gibt es solche, die noch
zweifeln. Wir kennen alle diese halbherzige, von Zweifeln durchsetzte, diese sogenannte Hingabe an den
Herrn. Der Zweifel löst sich im erlebten Wort des Gekreu-

zigten und Auferstandenen: »Mir ist alle Macht gegeben im Himmel und auf Erden.« Jetzt verwirklicht sich das Wort Jesu: »Alles ist mir von meinem Vater übergeben.« Aus dieser Vollmacht innigster Gottesgemeinschaft ergeht die Sendung: »Geht zu allen Völkern.« Achten wir auf dieses vierfache »alle«: alle Völker; alle Menschen; alles, was ich euch geboten habe; alle Tage. Es erwächst aus »aller« Macht, die Jesus gegeben ist. Es ist die Macht der Liebe, die in die Fülle hinein drängt. Das Ende ist keine Katastrophe, sondern die Vollendung, die Fülle in der Liebe Jesu.

»Macht alle Menschen zu meinen Jüngern.« Es geht nicht darum, eine Ideologie, und sei es »die Sache Jesu«, zu indoktrinieren und sie anderen aufzuoktroyieren. Zu Jüngern machen heißt die eigene Jüngerschaft und die eigene Nachfolge mit anderen leben wollen. Jüngerschaft ist die tiefste Form menschlichen Miteinanders. Die Christusgemeinschaft mit anderen teilen wollen, die Sehnsucht nach umfassender Jüngerschaft, nach universaler Geschwisterlichkeit in Christus ist der Prüfstein und das entscheidende Merkmal für die Echtheit, Tiefe und Wahrhaftigkeit unseres Glaubens: daß wir alle miteinander eingetaucht werden in die Liebe von Vater, Sohn und Heiligem Geist.

Mit anderen teilen

Was ist das Größere, das Geheimnisvollere: das Hinabsteigen Gottes in die Menschen- und Erdenwelt oder das Aufsteigen des Menschen in die Himmels- und Gotteswelt? Uns scheint das Himmelfahrtsgeheimnis, das Aufsteigen des Menschen in und durch Christus zu Gott, unzugänglicher als das Weihnachtsgeheimnis zu sein. Am Ende seiner Beschreibung des Lebens des hl. Benedikt gibt Papst Gregor eine tiefsinnige Erklärung der Himmelfahrt unseres Herrn: »Weil die Apostel, als sie den Herrn leiblich sahen, das Verlangen hatten, ihn immer mit leiblichen Augen zu sehen, darum wurde ihnen mit Recht gesagt: ›Wenn ich nicht hingehen werde, kommt der Tröster nicht!‹ Es ist, als ob klar gesagt würde: ›Wenn ich euch den Leib nicht entziehe, zeige ich nicht, was die Liebe des Geistes ist. Und wenn ihr nicht aufhört, mich leiblich zu sehen, lernt ihr niemals, mich im Geist zu lieben.‹«

Nach der Himmelfahrt ihres Herrn verlieren sich die Jünger nicht in Abschiedstraurigkeit, sondern sind voller Freude über die Gewißheit seiner bleibenden Gegenwart. Was tun sie? Sie gehen nicht unter die Leute, sondern in die Stille, um sich in der Stille einzuüben auf die völlig veränderte Situation ihres Lebens. Es ist die Einübung in das innere Schauen auf den Herrn, das Liebenlernen, ohne zu sehen, das Feststehen in dem, was man erhofft, das Überzeugtsein von Dingen, die man nicht sieht. In die Welt des inneren Schauens im Glauben einzutreten, in die Erfahrung der Teilhabe an der himmlischen Liturgie der Hingabe des Sohnes an den Vater im Geist, das ist für den heutigen Menschen, der mit allen Fasern seines Wesens an der Sichtbarkeit, an der Handgreiflichkeit haftet, der Machbarkeit aller Dinge verhaftet ist, unendlich schwer. Und doch ist im Menschen eine tiefe Sehnsucht nach einem solchen Ausgriff seiner Liebe ins Unendliche und Grenzenlose, Sehnsucht nach grenzenloser Erfüllung durch die Liebe Gottes.

Die Schau, die Kontemplation ist die eine Seite des Himmelfahrtsgeheimnisses, Sendungsauftrag, Aktion die andere. In der Mission, der Neuevangelisierung oder wie man es nennen mag, geht es nicht um Selbsterhaltung der Kirche, nicht um Wahrung von Positionen, auch nicht um den Sieg der Sache Jesu. Sondern um das Sichtbarmachen der unsichtbaren Wirklichkeit, um ein Teilen, ein Mitteilen des inneren Schauens der Welt Gottes als einer Welt der Liebe, der liebenden Hingabe und hingebenden Liebe. Innerlich schauen und das innerlich Geschaute an andere weitergeben oder, ganz einfach gesagt: mit anderen teilen, das ist die Botschaft des heutigen Festgeheimnisses.

Miteinander einswerden

Immer wieder rührt uns der Bericht vom ersten Pfingsten, von der Ausgießung des Geistes, von der verwandelnden Kraft dieses Geschehens tief an. Da sind die Jünger Jesu in angespannter Erwartung, einmütig auf eines gestimmt und ausgerichtet. Und dann, plötzlich! In diesem Plötzlich, mit dem schon von den griechischen Philosophen die Erleuchtung beschrieben wurde, schafft der Heilige Geist aus dieser Ansammlung erwartungsvoller Menschen Einheit im dreieinigen Gott, bildet er den mystischen Leib des Herrn, ist er die Seele dieses Leibes, bringt er die Kirche endgültig zum Vorschein.

Wie wirkt das Wort »Kirche« heute auf uns? Sollten wir es vielleicht besser nicht in den Mund nehmen? Jetzt oder nie können wir das wahre Wesen der Kirche erfassen. Frei von aller Verkrustung der Jahrhunderte, frei von »institutionellem Überhang« erscheint an Pfingsten die Kirche in ihrem Ursprung und innersten Wesen: als Einswerden und Einssein im dreieinen Gott. Dieses Einswerden heißt nicht nur miteinander eins werden, sondern auch mit mir selbst, den furchtbaren Riß überwinden, der mitten durch mein Wesen hindurchgeht. Im

Einswerden und Einssein, in der Vereinigung und Einheit bildet der Heilige Geist die Identität der Kirche und die Identität meiner selbst. Bei aller Hierarchie der Kirche, bei allen Sakramenten der Kirche, bei aller Verkündigung und Seelsorge geht es im Grunde immer nur um Einssein. Auch beim Dogma, denn auch das Dogma spricht in seinem innersten Kern immer nur vom Einssein, von Dreieinigkeit, von der Einheit zwischen Gott und Mensch im Gott-Menschen Jesus Christus.

Wie erfahre ich Einssein? Die Frucht immer tieferen Einswerdens ist die Freude. Die immer tiefere Erfahrung von Bejahtsein, von Angenommensein und Sich-selbst-annehmen-Dürfen schafft bleibende Freude. Wenn der hl. Benedikt vom Heiligen Geist redet, spricht er immer von der Freude, von der Freude des Heiligen Geistes. Durch den Heiligen Geist ist in unsere Herzen die Liebe ausgegossen, die frei von Angst werden läßt. Solche Liebe ohne Furcht ist Frucht des Geistes.

So bringt Pfingsten »Heimweh nach der Urkirche« mit sich: daß die Kirche über alle Verkennungen und auch eigenes Schuldigwerden hinweg die frohe Botschaft vom Einswerden miteinander und mit mir selbst verkündet und hilft, dieses Geheimnis zu hüten; daß wir denken und reden und tun, was der Einheit im Geist dient; daß wir die Einheit des Geistes wahren und nicht müde werden, auch unter Tränen noch Freude zu schenken.

Der tiefste Durst des Menschenherzens

Alle wurden wir mit dem einen Geist getränkt«, sagt Paulus. Das heißt: Der letzte und tiefste Durst des Menschenherzens soll und wird gestillt werden. Es ist der Schlußsatz der zweiten Lesung an Pfingsten, deren Anfang lautet: »Keiner kann sagen: Jesus ist der Herr!, wenn er nicht aus dem Heiligen Geist redet.«

Hier stellt sich die Frage: Woran kann ich in mir das Wirken des Heiligen Geistes spüren? Die Antwort des hl. Paulus ist klar: Wenn einer zu sagen vermag: Jesus ist der Herr! – Kann ich aufrichtig sprechen: Jesus ist der Herr? Mit tiefster Überzeugung: Jesus ist mein Herr? Der Herr meines Lebens? Der mein Leben durch und durch bestimmt und prägt? Das glauben zu dürfen ist die erste und größte Gnadengabe des Heiligen Geistes.

Wie aber bestimmt Jesus mein Leben? Das entfaltet Paulus in drei Schritten. »Es gibt verschiedene Gnadengaben, aber nur den einen Geist.« Die Gabe des einzelnen ist auf Einheit, auf Einswerden und Einssein hin: nicht ich, sondern wir. »Es gibt verschiedene Dienste, aber nur einen Herrn.« Geisterfahrung muß sich verwirklichen in der Bereitschaft zu dienen, im Blick auf den einen Herrn in Liebe zu dienen. »Jedem wird das Offenbarwerden des Geistes geschenkt, damit es anderen nützt.« Durch mich, durch die Entfaltung meiner Fähigkeiten, auch durch meine Armseligkeit will der Geist wirken zum Nutzen anderer. Aus dem Wirken des Geistes erwächst nicht nur ein äußeres Zusammenspiel aller Kräfte, sondern ein tief inneres Miteinander, ja ineinander.

Wir hörten am Anfang: »Alle wurden wir mit dem einen Geist getränkt.« Was bedeutet das: Der letzte und tiefste Durst des Menschenherzens soll gestillt werden? Wonach »dürstet« uns im Tiefsten? Die Antwort ist leicht und schwer zugleich: nach Liebe! Liebe ist das beseligende Bewußtsein einer letzten, tiefsten Zusammengehörigkeit. Gott ist Liebe, er ist tiefste, beseligende Zusammengehörigkeit von Vater, Sohn und Heiligem Geist. Nach dem Bild des dreieinigen Gottes sind Mensch und Menschheit geschaffen, und alle Sehnsucht des Menschen und der Menschheit geht nach dieser letzten und tiefsten Zusammengehörigkeit in Gott. Die Seligkeit in Gott ist die Erfüllung aller urmenschlichen Sehnsucht. Die Gabe des Geistes ist es, die in uns diese Sehnsucht zugleich weckt und stillt.

Pfingsten als Weg nach innen

Nach der bekannten Erzählung der Apostelgeschichte scheint Pfingsten zunächst ein recht spek-
takuläres Ereignis zu sein: Sturm, Feuerzungen, Spra-
chenwunder, verwandelte Apostel, Petrus als gewaltiger
Prediger, Massenbekehrungen. Ich möchte heute auf ein
anderes Pfingsten hinweisen, ein sehr stilles, verborge-
nes Pfingsten, das jedem von uns ganz persönlich als bleibende Wirklichkeit im heutigen Evangelium nach
Johannes verheißen ist. Es geht um die Erfahrung des
Gott-in-uns, um das bewußte Erleben, daß der dreifalti-
ge Gott in uns Wohnung nimmt. Wie gelangen wir zu
dieser Erfahrung, zu diesem bewußten Erleben?

Das Evangelium enthält drei Worte, in denen die
Erfahrung dieses Geheimnisses eingefangen ist. Das
erste: »Wenn ihr mich liebt«. Das ist der Beginn der
Erfahrung des Gott-in-uns: Angerührtwerden vom
Geheimnis der Person Jesu Christi, von seiner Ausstrahlung, vom Geheimnis seiner Liebe, die in uns die Zuwendung zu ihm bewirkt. Das Innerste unserer Liebe zu ihm
aber ist Hören, Horchen, Gehorchen, um im liebenden
Gehorsam Christus ganz zu gehören.

Das zweite Wort: »an meinem Wort festhalten«, »meine Gebote halten«. Das ist die Verwirklichung der Liebe. Wort, Gebot, Weisung nicht als Einengung, sondern als Entfaltung unseres innersten Wesens, das auf Christus hingeordnet ist, weil er als das Wort, als das ewige Wort Gottes, uns in unserem Wesen geprägt hat und unser Wesen sich im Festhalten an seinem Wort, im Bewahren, im Hegen und Bergen seines Wortes in uns erfüllt.

Das dritte Wort bezeichnet den Höhepunkt des stillen, verborgenen Pfingsten: »Wir werden Wohnung bei ihm nehmen.« Der Mensch wird im Glauben zur Bleibe, zur Wohnstatt, zum Tempel des dreieinigen Gottes. In der Liebe des Vaters kommen Sohn und Geist in die Seele des Menschen, die in dieser stets neuen Ankunft weiter und größer wird als der Himmel. Das ist das immerwährende Pfingsten, das mir und dir und uns allen – auch noch dem verkommensten Menschen und unseren ärgsten Feinden – zuteil werden soll. Pfingsten ist nicht nur das Aus-sich-Herausgehen der Kirche nach außen, der Weg hinaus in alle Welt und zu allen Völkern, sondern auch der Weg nach innen, die Verinnerlichung, aus der allein bleibende Gemeinschaft in dieser zerrissenen Menschheit wachsen kann.

Wem ihr die Sünden vergebt

Pfingsten! Gewöhnlich denken wir an das spekta-
kuläre Geschehen am Vormittag des fünfzigsten
Tages, von dem die Apostelgeschichte berichtet. Im
Evangelium erfahren wir von einem anderen, einem
Pfingsten »am Abend«, in Stille und Sammlung. Der
Herr, der durch verschlossene Türen kommt, ist der gleiche, der über die Himmel erhoben ist: Er ist da! Von ihm
geht die sanfte Dynamik des Friedens aus. Er haucht die
Jünger an: »Empfangt den Heiligen Geist!« Ihnen wird
gleichsam die Seele eingehaucht. So wird aus ihnen und
uns Kirche: vom Geist beseelte Gemeinschaft.

Nur im Glauben an den Heiligen Geist als Seele der
Kirche kann das Geheimnis von Pfingsten erfahren werden. Und das ist das Geheimnis der Vergebung: »Wem ihr
die Sünden vergebt, dem sind sie vergeben.« Mit welchen Gedanken und Empfindungen nehmen wir heute
solche Worte auf? Von Vergebung kann man erst sprechen, wenn von Sünde gesprochen ist. Wenn Pfingsten
Vergebung meiner Sünden heißt, dann muß ich fragen:
Was ist Sünde, was ist meine Sünde? In seinem ersten
Brief sagt Johannes, daß Sünde »Gesetzlosigkeit« ist; der

Grundauftrag des Menschen aber, das alte und neue Gebot, heißt Liebe. Sünde als Gesetzlosigkeit, die das Grundgesetz des Menschen nicht erfüllt, ist also in ihrem innersten Wesen Liebelosigkeit.

Das klingt sehr harmlos. Aber in der Lieblosigkeit verfehle ich das Grundgesetz meines Lebens. Unter Lieblosigkeit fällt alles sündige Geschehen des Alltags, ob das Lüge, Diebstahl, abgespaltene Sexualität oder sonstige Maßlosigkeit ist, bis hin zu der im Wald achtlos weggeworfenen Coca-Cola-Dose. Das eigentliche Bedrohliche an der Sünde ist vielleicht nicht so sehr die Sünde als solche, sondern daß die Sünde in unser Auge gedrungen ist: Wir sehen sie nicht mehr, wir kennen sie nicht mehr, wir nehmen sie nicht mehr wahr. Darum brauchen wir die von Heiligen Geist durchdrungene Gemeinschaft der Kirche, damit sie – modern ausgedrückt – eine Art Supervision über unseren Glaubensweg ausübt, ihn begleitet und vertieft. Und wenn dann das Wort der Vergebung gesprochen wird, dann ist Pfingsten immer neu. Dann geschieht Erneuerung in mir, dann wird Erneuerung möglich in der Kirche und Erneuerung der Kirche, die wir alle sind. Nur wenn wir uns auf dieses Geheimnis der Vergebung einlassen, dürfen wir wahrhaft Pfingsten feiern.

Mütterlichkeit und Väterlichkeit verwirklichen

Muttertag. Wir schauen in unser Leben und versuchen, dankbar an das zu denken, was wir alles von unserer Mutter empfangen haben. Genauer müßte man sagen: was wir von unseren Eltern empfangen haben. Denn zur Mutter gehört auch der Vater. Die Fülle der Mütterlichkeit entfaltet sich nur im harmonischen Zusammenspiel von beiden, von Mutter und Vater. Wenn wir daran denken, was wir den Eltern verdanken, werden uns vielleicht auch Erinnerungen kommen, die nicht unbedingt zur Dankbarkeit stimmen. Unterdrücken und verdrängen wir das ebensowenig wie all das Gute, das wir empfangen haben.

Wie können wir nun unseren Dank gegenüber unseren Eltern und zumal gegenüber unserer Mutter abstatten? Wir spüren wohl alle, daß es mit einem Blumenstrauß allein bei weitem nicht getan ist. Wie aber dann? Indem wir nun unsererseits versuchen, in unserem Leben Mütterlichkeit und Väterlichkeit zu verwirklichen. Vater und Mutter sein ist ja sehr viel mehr als nur etwas Biologisches. Vater und Mutter sein, Väterlichkeit und Mütterlichkeit leben heißt: dem Leben dienen. Nicht nur

100

dadurch, daß biologisch Leben entsteht, sondern daß Menschen hier auf Erden ein menschenwürdiges, ein lebenswertes Leben ermöglicht wird. Dem Leben dienen heißt: selbstlos werden; auf das Wohl anderer bedacht sein; besorgt sein, daß sich ihr Leben in guter Weise entfaltet; daß von ihnen Unheil für Leib und Seele abgewendet wird. Wir dürfen es also nicht dabei belassen, zu nehmen und dann ab und zu mal der Mutter und auch dem Vater dankeschön zu sagen, sondern wir sollen mehr und mehr liebend Gebende werden und so auch selbst mütterliche und auch väterliche Menschen sein.

Der Muttertag liegt zeitlich nahe beim Pfingstfest, dem Geburtstag der Mutter Kirche. Nicht wenige haben heute ihre Schwierigkeiten mit dieser Mutter. Liegt das vielleicht auch daran, daß man viel zu sehr den Vater vergißt, die Kraft Gottes, die das Wirken der Kirche fruchtbar macht? Was verdanken wir nicht alles in unserem Leben dem väterlich und mütterlich liebenden Gott? Hat er uns nicht in der Taufe das neue Leben geschenkt durch die Kirche, die eben deswegen als Mutter bezeichnet wird? Ähnlich wie bei unserer leiblichen Mutter besteht unser Dank darin, daß wir aus ganzer Kraft versuchen, dem Leben zu dienen. In dienender Liebe sollen wir versuchen, das Anliegen, das innerste Geheimnis der Mutter Kirche zu verwirklichen: Einheit aller Menschen im dreieinigen Gott, Frieden in dieser friedlosen Welt, tiefe, bleibende Freude im Heiligen Geist.

C   Zeit im Jahreskreis

Verherrlicht Gott in eurem Leib

Heute ist viel die Rede von unserer Verantwortung für die Schöpfung, von ihrer Verschmutzung und Zerstörung. Weniger davon, daß auch der Mensch Schöpfung ist, daß auch er durch verantwortungsloses, zerstörerisches Handeln bedroht ist, der Mensch auch in seiner Leiblichkeit und in seiner Geschlechtlichkeit. Paulus sagt in der heutigen Lesung: »Der Leib ist nicht für die Unzucht da ... Hütet euch vor der Unzucht ... Wer Unzucht treibt, versündigt sich gegen den eigenen Leib.« Unzucht heißt eigentlich Zuchtlosigkeit, Unbeherrschtheit, insbesondere im geschlechtlichen Bereich. Was aber ist die Triebfeder der Unzucht? Die Gier. Denken wir zurück an die Zerstörung der Umwelt: Ist nicht auch hier Gier die eigentliche Ursache? Habgier, Geldgier, Machtgier, Genußgier? Auch sexuelle Gier ist nicht harmlos; es sei nur daran erinnert, wohin sie in Verbindung mit Gewalt führen kann.

Doch Paulus moralisiert nicht lange. Er hat eine frohe Botschaft, die Christusbotschaft: »Der Leib ist für den Herrn da, der Herr für den Leib. Gott hat den Herrn auferweckt, und er wird durch seine Macht auch uns auferwecken.« Eine geheimnisvolle Wirklichkeit unseres Glaubens wird angesprochen: Unser Leib steht in einer tiefen inneren Beziehung zum auferstandenen Christus und seinem verklärten Leib. Als leibhaftige Menschen stehen wir im Dienst des Auferstandenen. Durch unseren Glauben sind wir ein Geist mit ihm, im Innersten vereint, aber nicht nur rein geistig, sondern leibhaftig. Wir gehören Christus, weil er uns durch einen teuren Preis erkauft hat, nämlich durch das Opfer und die Hingabe seines Lebens. Und weil wir zu ihm gehören, erhält unser Leib seine höchste Würde als Tempel des Heiligen Geistes.

Nur auf diesem Hintergrund können wir den letzten Satz der heutigen Lesung verstehen: »Verherrlicht Gott in eurem Leib!« Die Herrlichkeit Christi ist seine Hingabe. Unsere Verherrlichung Gottes in unserem Leib ist einzig und allein Widerspiegelung dieser liebenden Hingabe. Diese Verherrlichung vollzieht sich in unserem tagtäglichen leibhaften Dienst vor Gott, in der Verantwortung für unseren Leib und auch für seine Gesundheit. Zwar müssen wir uns unsere eigene Gebrechlichkeit und Gebrochenheit, auch durch Trieb und Gier, oft genug eingestehen, dennoch dürfen wir immer neu dankbar den Leib als Gabe Gottes erkennen und uns ermutigen lassen, den Weg der Verherrlichung Gottes in unserem Leib immer neu zu wagen.

Umkehr zur Freude

Wir erleben das immer wieder, wie sich angesichts von Katastrophen, Kriegen, globalen Bedrohungen das Gefühl von Entsetzen, Ohnmacht, Angst ausbreitet, tiefe Ratlosigkeit, gedrückte Stimmung. Immer wieder werden dann Fragen gestellt: Warum? Wozu? Wie kann Gott das zulassen? Vielleicht, um uns aufzurütteln? Um uns die Botschaft des heutigen Evangeliums neu hören zu lassen? »Die Zeit ist erfüllt, das Reich Gottes ist nahe. Kehrt um!«

Erfüllte Zeit: Jetzt ergeht das Gnadenangebot Gottes, jetzt ist die Zeit der Gnade. Aber dieses Wort von der erfüllten Zeit heißt auch: Das Maß ist voll, übervoll! Die Verkündigung des Reiches Gottes ist Verkündigung von Gnade und Gericht. Die erfüllte Zeit ist immer auch die kurze Zeit, von der Paulus spricht. Die Zeit meines Lebens, die Zeit unseres Lebens, die Zeit der Welt ist kurz, »die Gestalt dieser Welt vergeht«. Jeder von uns ist aufgerufen umzukehren, umzudenken, sich neu zu orientieren, Buße zu tun. Buße, das ist nichts anderes als Abwendung vom Bösen und Hinwendung zum Guten durch die Kraft Jesu Christi. Die Umkehr der Buße ist letztlich Hinwendung zu ihm selbst, in dem die Güte Gottes unter uns ist.

Der Ruf zur Umkehr gilt uns allen, nicht nur etwa ein paar ganz bösen Machtmenschen, Geldmenschen und Lustmenschen. Denn mit unserem Egoismus, unserem Wohlstandsdenken, unserer Anspruchshaltung hängen wir alle im Netz des Bösen. Um sich aus diesem Netzwerk des Bösen zu lösen, was wäre da der erste Schritt? Paulus sagt dazu: »Wer eine Frau hat, soll sich in Zukunft so verhalten, als habe er keine; wer weint, als weine er nicht; wer sich freut, als freue er sich nicht; wer kauft, als würde er nicht Eigentümer.«

Was signalisiert dieses eigentümliche wiederholte »nicht«? Die Haltung der Gelassenheit, die Fähigkeit, sich nicht an die Dinge dieser Welt festzuklammern, sondern loszulassen, zurückzulassen, zu verlassen, um sich in der Nachfolge Christi einfangen zu lassen in das Netzwerk des Guten. Allein schaffen wir es nicht, aber im Netzwerk der Nachfolge Christi, wo wir in Christus miteinander Gemeinschaft bilden, kann das Wunder des Friedens Wirklichkeit werden. So heißt es: aufbrechen aus aller Bedrückung und umkehren zum Frieden des Herzens mit Christus, zur Hingabe und damit auch wieder zur Freude.

Wie lernen wir unsere Feinde lieben?

W ir sind entsetzt über den Ausbruch von Feindse-
ligkeit, Brutalität, mörderischer Gewalt in den
Krisen- und Kriegsgebieten unserer Welt. Sind wir
genauso entsetzt über den Haß, die Aggression, Abnei-
gung und Gleichgültigkeit in uns selber gegenüber unseren Mitmenschen, vor allem gegenüber denen, die uns
Böses getan haben oder tun wollen, wie wir meinen? Wie
ist es möglich, das Gesetz von Ursache und Wirkung im
Bereich des Bösen, den Teufelskreis von Aggression und
genauso aggressiver Gegenreaktion zu durchbrechen?
   Die Antwort Jesu im heutigen Evangelium heißt:
»Liebt eure Feinde und betet für die, die euch verfolgen,
damit ihr Söhne eures Vaters im Himmel werdet; denn
er läßt seine Sonne aufgehen über Bösen und Guten,
und er läßt regnen über Gerechte und Ungerechte.« Fragen wir zunächst: Warum lehrt uns Jesus die Feindesliebe? Damit endlich Friede auf Erden werde? Das auch,
aber erst in zweiter Linie. Sein erster Beweggrund ist:
Wir sollen werden wie Gott! Die lügnerische Versuchung
der Schlange im Paradies: »Ihr werdet sein wie Gott«,
wird bei Jesus auf den wahren Sinn gebracht, wenn er

einlädt, ja fordert: »Ihr sollt vollkommen sein, so wie euer himmlischer Vater vollkommen ist.« Wie euer himmlischer Vater, wie Gott, das heißt nicht, allwissend, allmächtig werden, aber gütig, aber das heißt dann auch, die Feinde lieben.

Jesus stellt uns ein wunderbares Bild von Gott vor Augen: keinen rächenden oder strafenden Gott, sondern den Vater, der »seine Sonne aufgehen läßt über Gute und Böse und regnen läßt über Gerechte und Ungerechte«, und das heißt doch: Auch über mich! Auch über mir geht Gottes Sonne auf. Auch auf mich fällt Gottes Regen als Zeichen seiner Liebe zu meinem Leben. Auch für mich ist er, was er seinem innersten Wesen nach ist: sich verströmende Liebe und Güte. Die Frage, wie Feindesliebe möglich wird, kann ich erst beantworten, wenn ich für mich selbst eine andere Frage beantwortet habe: Bin ist fest davon überzeugt, daß Gott mich wirklich liebt? Erst wenn ich das voll und ganz bejahe, werde ich fähig zur Feindesliebe, weil ich teilhaft werde der sich verströmenden Liebe und Güte Gottes. Dahin aber führt nur ein Weg: die Lebensgemeinschaft mit Gottes geliebtem Sohn. Nur auf diesem Weg lernen wir die Liebe und auch die Liebe zu unseren Feinden.

Das Wunder der Feindesliebe

Was schockiert uns mehr, das Gebot »Liebt eure Feinde« oder die Botschaft »Christus ist von den Toten auferstanden«? Beides gehört zusammen. Was Auferstehung und Feindesliebe verbindet, ist das Geheimnis der Freiheit. Wie die Auferstehung die Aufhebung der unerbittlichen Begrenzung des menschlichen Lebens durch den Tod ist, so ist die Feindesliebe das Durchbrechen des ehernen Gesetzes: Wie du mir, so ich dir. Feindesliebe ist in dieser Welt ein ebenso großes Wunder wie die Auferstehung von den Toten.

Feindesliebe ist aber nicht so sehr eine moralische Forderung, vor der wir als Menschen kapitulieren müssen, sondern sie ist die Konsequenz unseres Glaubens an den auferstandenen Herrn. Wir glauben, daß wir schon hier und jetzt ein Leben der Auferstehung führen dürfen, das vor allem in der Nächstenliebe offenbar wird – und zu diesen Nächsten gehören auch unsere Feinde und die Menschen, mit denen wir uns schwer tun oder die sich mit uns schwer tun! Feindesliebe ist und bleibt der Weg des Gott immer Ähnlicherwerdens durch das Zusammenwachsen mit Christus.

Vor zwei Irrtümern müssen wir uns also hüten, wenn wir dem heutigen Evangelium gerecht werden wollen. Vor dem Irrtum, daß Feindesliebe eine rein moralische Forderung sei, die immer und überall absolut erfüllt werden muß. Sie ist vielmehr ein Weg, ein Lernprozeß durch die Umgestaltung in Christus, den Auferstandenen. Der andere Irrtum ist, zu meinen, Feindesliebe hieße die sofortige Aufhebung aller irdischen Ordnungen, durch die Übeltäter in ihre Schranken gewiesen werden. Es geht vor allem um mich selbst, um meine Bereitschaft zur Versöhnung und zur Vergebung. Ich ganz persönlich muß mit meinen Aggressionen fertig werden, die oft aus Machtstreben, aus der Angst, in diesem Leben zu kurz zu kommen, oder auch aus nicht bewältigter Sexualität oder aus seelischen Verwundungen kommen.

Dazu gibt es letztlich nur einen Weg: mich in der Liebe des Vaters geborgen zu wissen. Im Blick auf diese Geborgenheit gewinne ich die Gewißheit, daß ich nichts zu verlieren habe, daß mir alles gegeben ist, daß mir nichts entgeht, daß ich aus freiem Herzen schenken kann. Im Blick auf die verheißene ewige Geborgenheit werde ich ein freier Mensch, ein durch Christi Auferstehung befreiter Mensch, der sich in Freiheit verschenken kann.

Vertrauen gewinnen – die Treue bewahren

Der Weg unseres Lebens, in dem so vieles vergänglich ist, ist eine einzige Suche nach dem Bleibenden: »Alles vergeht! Am Abend des Lebens bleibt einzig die Liebe«, sagt die Karmelitin Elisabeth von Dijon, eine Heilige unseres Jahrhunderts. Liebe ist das Bleibende in diesem Leben und letztlich auch das einzige, was dieses Leben lebenswert macht. Gibt es einen Weg zu diesem wirklich Bleibenden in unserem Leben? Der Weg, von dem auch im heutigen Evangelium die Rede ist, lautet: Vertrauen gewinnen – die Treue bewahren. Doch bevor wir die Bibel aufschlagen, sollten wir ein anderes Buch aufschlagen: das Buch unseres eigenen Lebens, und uns fragen: Wer schenkt mir sein Vertrauen? Wem schenke ich mein Vertrauen? Sind es dieselben, die mir vertrauen und denen ich vertraue? Wer gibt mir dadurch Halt, daß ich ihm vertrauen darf? Wo finde ich die Kraft, anderen, die mir vertrauen, Halt zu schenken?

Mit der Erfahrung des Vertrauens ist ganz eng eine andere Erfahrung verknüpft: die Verbindlichkeit. Wer vertraut, geht eine Bindung ein. Wem vertraut wird, der übernimmt Verantwortung. So gehört zum Vertrauen die Treue, aus der Treue aber erwächst aufs neue Vertrauen. Treue bewahren – Vertrauen gewinnen: In diesem wechselseitigen Austausch verwirklicht sich Liebe, das, was diesen Namen »Liebe« wirklich verdient. Wenn wir niemandem vertrauen könnten und niemand uns Vertrauen schenken würde, wäre unser Leben tot. Es wäre nicht mehr lebenswert, und würden wir noch soviel verdienen, noch soviel verreisen, uns noch soviel leisten können. Nur das ist lebenswertes Leben: Leben in vertrauender Liebe, in liebendem Vertrauen, das sich in der Treue bewährt.

Dieses Vertrauen hat der Hauptmann im Evangelium Jesus geschenkt. Jesus übte auf ihn eine solche geheimnisvolle Ausstrahlung aus, daß er ihm blind vertraute, daß er durch einen anderen und für einen anderen, seinen Diener, bitten ließ voller Vertrauen: Er wird ihn heilen, er wird sein Leben wieder lebenswert machen. Und wir sehen: Sein Vertrauen bewirkt Leben. Nur wo vertraut wird, ist wirkliches Leben: Lebendigkeit des Herzens, Lebendigkeit der Liebe.

Und Jesus selbst – wem hat er zutiefst vertraut, daß er so souverän auf das Vertrauen des Hauptmanns antworten kann? Es ist der, den er mit dem Wort des Vertrauens anspricht: »Vater!« Das Wort »Vater« und das Wort »Mutter« sind ja Urworte des Vertrauens und der Geborgenheit. In der Geborgenheit der göttlichen Liebe liegt auch unser eigentliches und tiefstes Leben, das Ziel unseres ganzen Lebensweges.

Fürchtet euch nicht

Die Botschaft des heutigen Evangeliums ist von großer Aktualität. Sie läßt sich in die drei Worte zusammenfassen: »Fürchtet euch nicht!« Unzählige Male hat Jesus diese Worte zu seinen Jüngern gesprochen. Und er spricht sie immer wieder zu uns, zu jedem einzelnen von uns: »Fürchte dich nicht!« Werden wir ganz still, horchen wir in unser Leben hinein und fragen wir uns: Wovor fürchte ich mich? Es gibt so vieles, wovor wir Angst haben. Oft ist es schwer zu benennen; erst nach langem Nachdenken und tiefem In-das-eigene-Herz-Schauen gehen uns die Ursachen unserer Ängste und unserer Furcht auf.

Das Evangelium ist radikal, es geht bis zum Letzten: »Fürchtet euch nicht vor denen, die den Leib töten, die Seele aber nicht töten können!« Es gibt also etwas in uns, was auch die schlimmste denkbare Katastrophe, und sei es die Explosion aller Atombomben, überleben würde. Was ist dieses geheimnisvolle Etwas? Der Herr nennt es »Seele«, die nicht irgendwie beziehungslos einfach da ist, sondern die aus der Beziehung zu Gott lebt. Diese Seele kann nicht getötet werden, weil sie in Gott gegründet ist, im Gehorsam und in der Liebe zu ihm.

Jesus fügt hinzu: »Fürchtet euch vor dem, der Seele und Leib ins Verderben der Hölle stürzen kann.« Hier wird die uralte Tugend der Gottesfurcht angesprochen. Gott fürchten heißt: beständig mit ihm rechnen, mit dem Allmächtigen, dem Schöpfer des Himmels und der Erde, in dessen Händen unser Leben ruht – nicht wie ein beliebiges Spielzeug, sondern weil sich der Schöpfer durch Jesus Christus zugleich als unser Vater geoffenbart hat. In dem Vertrauen auf Gottes Güte kraft der Gottesfurcht liegt die Scheu des Gotteskindes verborgen, die liebende Beziehung zum Vater verlieren zu können. Dieser Verlust ist hier im Bild vom Sturz in die Hölle gemalt.

Die Angst wandelt sich für den Glaubenden in die Gottesfurcht vor dem Schöpfer, der zugleich der Vater ist. Und diese Gottesfurcht wird zu einem unerschütterlichen Vertrauen: Gott weiß um mich; Gott kennt mich; ich bin in Gottes Hand. Wir alle sind in Gottes Hand. Nichts geschieht, was nicht mit dem Willen des Vaters über uns kommt. Und was der Vater in seiner Liebe – denn sein Wille ist Liebe! – fügt, ist immer zu unserem Besten. Freilich werden wir die Geborgenheit in der Liebe des Vaters nur erfahren, wenn wir den Sohn Gottes zum Mittelpunkt unseres Lebens werden lassen. Denn Gott ist unser Vater als der Gott und Vater unseres Herrn Jesus Christus.

Lobpreis und Bejahung

Das heutige Evangelium, eine Zusammenfassung der Botschaft Jesu an uns und Zusammenfassung des Weges, den wir als Glaubende gehen dürfen, beginnt mit dem Lobpreis Jesu: »Ich preise dich, Vater.« Lobpreis, das ist Kern und Ziel seines Lebens, das soll Kern und Ziel auch unseres Lebens werden. Jesus begründet diesen Lobpreis in ganz eigentümlicher Weise: »... weil du all das den Weisen und Klugen verborgen, den Unmündigen aber geoffenbart hast.« Hierin ist sein Lebensschicksal enthalten: Annahme von seiten der Kleinen, Ablehnung durch die Weisen und Klugen. Im Blick hierauf sagt er: »Ja, Vater, so hat es dir gefallen.« »Ich preise dich« und »Ja, Vater« bilden eine wesenhafte Einheit. Lobpreis ist Bejahung: Bejahung Gottes und Bejahung meines Lebensschicksals.

Hier ergeben sich zwei Fragen: Wie war es Jesus möglich, diesen Lobpreis als Inbegriff seines Lebens zu sprechen, so unbedingt und ohne Wenn und Aber sein Ja zu sagen? Und: Wie ist es uns möglich, diesen Lobpreis als Grundhaltung, als Grundvollzug unseres Lebens immer mehr zu lernen, so bedingungslos unser Ja zu Gott und zu unserem Leben zu sagen?

Für Jesus war Lobpreis und Bejahung möglich, weil er in Einheit mit dem Vater, aus dem Willen des Vaters, im Wohlgefallen des Vaters lebt. So erfährt er die Liebe des Vaters und kann auch angesichts des Leidens diesen Lobpreis und dieses Ja sprechen. Unser Lobpreis und unser Ja wird in dem Maße möglich, als wir mit Jesus eins werden. Dazu ruft er: »Kommt! Kommt alle zu mir, die ihr euch plagt und schwere Lasten zu tragen habt: Ich werde euch Ruhe verschaffen. Nehmt mein Joch auf euch und lernt von mir!« Das »Joch«, das er uns anbietet, ist das unbedingte Ja: »Ja! Du! Mein Freund!« Jesus sagt ja zu uns, damit wir lernen, ja zu uns zu sagen, damit wir den Mut haben, auch unsere Schattenseiten anzuschauen, damit wir uns selbst annehmen mit unseren Grenzen und mit unserem Versagen. Dann kann ich auch ja zum anderen sagen und höre auf, meine Schattenseiten beim anderen zu suchen. So »finde ich Ruhe«, wenn ich mich nicht mehr woanders suche, sondern wenn ich als der, der ich bin, bei Jesus bin. Wir kommen zur Ruhe im grenzenlosen Ja, das er über uns alle spricht, und so dürfen wir Ja sagen zu uns selbst und zueinander im nie endenden Lobpreis Gottes.

Liebe als Nähe

Das Gleichnis vom barmherzigen Samariter gilt als Musterbeispiel der Nächstenliebe. Aber nach dem Wortlaut ist es die Antwort Jesu auf die Frage des Gesetzeslehrers nach dem ewigen Leben: »Was muß ich tun, um das ewige Leben zu gewinnen?« Dennoch geht es um die Frage nach der Liebe, denn das ewige Leben ist Liebe. In der Liebe zu Gott und zum Nächsten wird das ewige Leben schon hier und heute anfanghaft erfahren. Freilich nicht Liebe als bloßes Gefühl, sondern Liebe als gesuchte und bejahte Nähe, als Nähe, in die der Mensch ganz eingeht, in der er ganz aufgeht.

Der Priester und der Levit, die vorübergehen, verweigern diese Nähe. Ihr Gottesdienst ist mehr eine fromme Absicherung ihrer selbst. Sie haben jetzt Dienstschluß in Jerusalem; in Arbeitnehmermentalität gehen sie nach Hause, alles andere geht sie nichts mehr an. Es fehlt ihnen die Ganzhingabe der Liebe: Gott lieben von ganzem Herzen, von ganzer Seele, mit allen Kräften, allen Gedanken, und den Nächsten wie sich selbst.

Der Samariter hört auf seine innere Stimme, er schaut auf den unter die Räuber Gefallenen, er hat

Erbarmen mit ihm, er schenkt ihm seine Nähe von ganzem Herzen, er pflegt ihn mit Liebe. Er macht sich ihm zum Nächsten. Wenn Jesus nun zu uns, wie zu dem Gesetzesgelehrten, sagt: »Handle ebenso! Mache dich zum Nächsten für den, der dich braucht, auch wenn du ihn nicht magst«, dann erschrecken wir und sagen vielleicht ehrlicherweise: Das kann ich nicht. Wie kann es möglich werden? Wo finden wir die Kraft?

Wenn wir genau hinschauen, erkennen wir im Samariter ein Selbstporträt Jesu. Der Samariter trägt die Züge Jesu. Und wenn wir auf den Halbtoten schauen, dann entdecken wir in diesem geschundenen Menschen wiederum Jesus, seinen geschundenen Leib am Kreuz. Um beides geht es. In der Eucharistie feiern wir das Geheimnis der äußersten Nähe Jesu zu uns Menschen, daß uns die Augen aufgehen und wir in den Leidenden Jesus erkennen. Das ist das eine. Das andere ist es, der Christus in uns, der uns die Kraft gibt, die Liturgie des Alltags zu feiern in der Zuwendung zu unseren Nächsten, indem wir uns zum Nächsten für sie machen. Es geht darum, daß wir beides erkennen: uns selbst als den dienenden Christus und den Nächsten als den leidenden Christus, der auf unsere Liebe wartet.

Alles auf eine Karte setzen

Alle Welt redet jetzt von Ferien und Urlaub. In unserem Leben gibt es zwei Urlaube, die nie stattfinden, auch wenn wir es manchmal versuchen. Das eine ist der Urlaub von Gott, das zweite der Urlaub von uns selbst. Überall, wo wir hinfahren, ist Gott da. Und überallhin nehmen wir unser eigenes Ich mit. Wenn das so ist, setzen wir doch alles auf eine Karte! Stellen wir uns Gott, der überall auf uns wartet! Und stellen wir uns uns selbst, das heißt unserem eigentlichen und wahren Ich, das wir nirgends abschütteln können!

Alles auf eine Karte setzen, das tut – in der alttestamentlichen Lesung – König Salomo. Er bittet nur um eines: um ein hörendes Herz. Man wird hier an die ersten Worte der Benediktregel erinnert: »Höre, mein Sohn, auf die Weisung des Meisters, und neige das Ohr deines Herzens!« Hierin ist eigentlich schon der ganze Weg des Christen, nicht nur des Mönches, aufgezeigt. Im Grunde geht es hierbei um die Erfahrung der Herrschaft Gottes, des Himmelreiches in uns. Wie kommen wir zu dieser Erfahrung des Wirkens Gottes, seiner Nähe, seiner tiefsten Verbundenheit mit uns? Durch Hören, durch gesammeltes Hinhören, Horchen, das möglichst alle Ablenkungen und Zerstreuungen beiseite läßt; durch Gehorchen, in dem sich das Hinhören verwirklicht; durch Gehören, in dem das Gehorchen vollendet wird. So wird das Hören auf Gott zu einem Gott-ganz-Gehören.

Dieser innere Weg muß Hand in Hand gehen mit einem Loslassen-Können. Alles loslassen! Die beiden Männer im Evangelium verkaufen alles. Und wenn man alles verkauft, hat man nichts. Der Weg zum Gott-Gehören geht über das Nichts: daß man nichts hat, an nichts hängt, an nichts haftet. Jesus sagt zu den Aposteln: »Nehmt nichts mit auf den Weg!« Überspitzt formuliert: Nehmt nur das Nichts mit auf den Weg, eure Nichtigkeit als Habenichtse.

Das Hören des Königs Salomo geschah aus einer tiefen Verantwortung für seinen Auftrag. Auch unser Hören und die Bereitschaft, ein Habenichts zu sein, darf nur aus einer tiefen Verantwortung um unsere Berufung geschehen: daß wir des Rufes Gottes fähig sind; daß wir dem Ruf Gottes Folge leisten können; daß dieser Ruf als unsere Berufung unsere Vollendung ist. Es ist der Ruf in die Stille und Sammlung – in einer lärmenden Zerstreuungsgesellschaft ein schwerer Weg, der Weg der Hingabe an den Herrn. Eingedenk der kostbaren Perle, des verborgenen Schatzes in uns selbst, führt er im Loslassen aller eigenen Vorstellungen und Wünsche bis hin zu dem Gebet des hl. Franz von Assisi: »Mein Gott und mein Alles!«

Im Heiligen Geist das Vaterunser beten

An das Vaterunser schließen sich bei Lukas Bilder über die Dringlichkeit und Erhörungsgewißheit des Bittgebets, die in dem nüchternen Satz gipfeln: »Wieviel mehr wird der Vater im Himmel den Heiligen Geist denen geben, die ihn bitten!« Ist der Heilige Geist wirklich unser dringendstes Gebetsanliegen? Das Vaterunser, das Jesus uns lehrt, können wir in Wahrheit nur im Heiligen Geist beten. Versuchen wir, das ein wenig zu verstehen.

Gott als »Vater!« anrufen, wie Jesus, mit seinem unbedingten Vertrauen, seiner Hingabe und Geborgenheit, geht über unsere natürlichen menschlichen Möglichkeiten weit hinaus. »Vater!« rufen heißt eintreten in das Bewußtsein Jesu durch seinen Heiligen Geist. – Wenn wir im Bewußtsein der Gegenwart Gottes leben: »Du, unser Vater!«, dann wird durch den uns gegebenen Heiligen Geist unser ganzes Dasein zu einer Offenbarung der Herrlichkeit des Vaters, zur Heiligung seines Namens. – Die geheimnisvolle Gegenwart und Offenbarung des verborgenen Urgrundes aller Dinge durch den Heiligen Geist als liebendes Du erfahren, genau darin ereignet sich das Kommen des Gottesreiches. – Was hat die Bitte um das tägliche Brot mit dem Heiligen Geist zu tun? Es schließt die Bereitschaft zum Teilen des täglichen Brotes mit ein, zum Teilen all dessen, wovon der Mensch lebt, die Zuwendung zueinander im Teilen der Liebe. – Auch das Vergeben kann ich nur in der Kraft des Heiligen Geistes. Im Heiligen Geist dem anderen vergeben, wie Gott uns vergibt, sprengt das alte Gesetz des »Wie du mir, so ich dir«, durch den neuen Weg des »Wie Gott mir, so ich dir!« – Nur im Heiligen Geist haben wir die Gewißheit, in der Versuchung nicht unterzugehen. In der Kraft des Heiligen Geistes darf ich zutiefst überzeugt sein: Immer und überall sind wir in Gottes Hand.

Es geht also darum, durch den Heiligen Geist einzutreten in die lebendige Erfahrung des Vaterunsers. Was ist unser Anteil an diesem Geschenk? Worin besteht unser Klopfen, Suchen, Bitten, unsere Zudringlichkeit? In der gesammelten Bereitschaft zu empfangen. Immer geht es um das schweigende, bis tief ins eigene Innere gesammelte Bei-sich selbst-Sein und Vor-Gott-Sein. Das Wesen des christlichen Glaubens besteht, wie der hl. Seraphim von Sarov sagte, in der Erlangung des Heiligen Geistes: »Vater, erleuchte mich durch deinen Geist!«

Mut zur Stille

Das Wandeln Jesu auf dem See – ein dramatisches Evangelium mit der Angst der Jünger, ihrem Erschrecken vor dem Erscheinen Jesu, mit der Bitte, dem Zweifel, der Rettung des Petrus. Was bedeutet es für uns? Wie können wir an solchen Erfahrungen teilhaben? Die Gotteserscheinung am Berg Horeb (1. Lesung 1 Kön 19,9.11-13), die Elija erfährt, ist ein Schlüssel zu diesem Evangelium. Der Prophet geht in die Höhle, um auszuruhen und Kräfte zu sammeln. Da ruft Gott ihn aus seiner Höhle heraus und erscheint ihm, aber nicht in besonderen Zeichen, sondern in einem Zeichen, in dem Gott uns allen erscheinen will, wenn wir dazu bereit sind: im Zeichen der Stille.

Auch das Evangelium vom Seewandel Jesu können wir als eine sinnbildliche Darstellung verstehen, was Stille und Begegnung mit Gott in der Stille bedeuten. Wir übersehen leicht, daß Jesus, bevor er den Jüngern über den Wassern erscheint, lange allein auf dem Berge betet. Betend ist er beim Vater, ist er im Vater. Er erscheint den Jüngern als einer, der aus der Stille beim Vater kommt. Ein Mensch aus der Stille kommt wie aus einer anderen, tieferen Welt zu uns. Und oft erschrecken wir, weil der Mensch der Stille immer eine Botschaft an uns ist: Was machst du, wie lebst du, wie steht es um dich, um deine Erfahrung des Ewigen, um dein Leben in Gott?

Jesus erscheint hier als Sohn des Ewigen, er steht über den Dingen, er wandelt gleichsam über den Wogen der Welt. Er spricht seinen Jüngern Vertrauen zu und ermutigt sie dadurch zum Glauben. Er weckt in Petrus die Sehnsucht, zu ihm kommen zu dürfen. Dazu aber muß Petrus aus dem Boot aussteigen. Der Mut, einzig auf das Wort Jesu hin Sicherheiten aufzugeben, ist im Grunde nichts anderes als der Mut zur Stille. Nur noch Hineingehen in die Welt des Schweigens, Lauschen auf sein Wort, Geborgensein beim Vater.

Sich dann, aus der Stille heraus, vom Wort Gottes neu senden lassen – wie Elija, wie die Jünger – zum Dienen, zum Dasein für andere, das wird zum Zeichen der Unterscheidung, ob wir wirklich auf sein Wort gehört haben oder ob wir nur uns selbst etwas vorgesagt und vorgemacht haben. In der Stille auf den Herrn zugehen, das muß sich bewähren im Dienst des Alltags, wo wir immer wieder aus uns selbst herausgehen, dienend und liebend auf den Nächsten zu.

Aus ihm und durch ihn und auf ihn hin

Manchmal, in einer schönen Kirche, in einem festlichen Gottesdienst, erleben wir Liturgie besonders intensiv als ein Gesamtkunstwerk aus Wort, Ton, Bewegung, Linie, Farbe, Form und auch Duft. Ein Gesamtkunstwerk freilich, das über sich hinausweist auf das unauslotbare Geheimnis, das wir Gott, den dreieinigen Gott, nennen dürfen. Dieses Geheimnis erschließt sich letztlich nur dem aus dem Staunen geborenen, hymnisch-preisenden, dichterischen Wort.

Solcher Sprache bedient sich Paulus, wenn er in der heutigen Lesung aus dem Römerbrief sagt: »O Tiefe des Reichtums, der Weisheit und der Erkenntnis Gottes! Wie unergründlich sind seine Entscheidungen, wie unerforschlich seine Wege!« Wir fragen uns: Aus welcher Erfahrung sind diese Worte geboren? Sie kommen aus der Betrachtung des Geheimnisses der Geschichte Gottes mit Israel und mit den Heiden. Unergründlich ist diese Geschichte: Erwählung und Verwerfung und letztlich doch, wie Paulus vertraut, umfassendes Erbarmen!

Das gleiche Staunen über das Geheimnis der göttlichen Vorsehung, der göttlichen Ratschlüsse, der göttliche Pläne muß uns eigentlich auch beim heutigen Evangelium erfassen. Da wird Petrus zum Felsenfundament erwählt, derselbe Petrus, der kraft Offenbarung des Vaters im Himmel Jesus als Messias, als Sohn des lebendigen Gottes bekennt und der ihn wenig später dreimal verleugnen sollte. Diese Spannung zwischen Glaubenseinsicht und menschlicher Schwäche wird dann die ganze Geschichte des Papsttums durchziehen, die Geschichte der Kirche und der Kirchen – die Spaltung der Christenheit mit eingeschlossen.

Staunen über das Geheimnis Gottes auch mit der Geschichte unseres persönlichen Lebens, wenn wir es anschauen mit seinen Höhen und Tiefen, mit Licht und Schatten, mit allem Gelungenen und Gescheiterten: »O Tiefe des Reichtums, der Weisheit und der Erkenntnis Gottes! Wer hat die Gedanken des Herrn erkannt?«

Am Ende steht dann das große Hoffnungswort, das Paulus uns gibt, auch uns ganz persönlich für unser Leben: »Aus ihm, durch ihn und auf ihn hin ist die ganze Schöpfung.« Auch unser kleines, begrenztes Leben ist aus Gott, durch Gott und auf Gott hin! Kann dann irgendetwas in dieser Schöpfung verlorengehen? Dürfen wir nicht auf »die Wiederbringung aller Dinge« hoffen, daß alles irdische Geschehen, alle irdische Geschichte und jedes Menschenschicksal mit Gottes Gnade letzlich einmünden wird in die Fülle des göttlichen Lebens? Ihm sei Ehre, ihm sei Verherrlichung in dieser Feier und in Ewigkeit!

Gleicht euch nicht dieser Welt an

In jedem Gottesdienst wird das herzliche Erbarmen Gottes, von dem Paulus spricht, Gegenwart für uns. Dieses Erbarmen wartet auf unsere Antwort, und die Antwort heißt: sich selbst als Opfer darbringen. Oder mit anderen Worten: nicht festhalten, sondern loslassen können; nicht sich selbst festhalten, sondern sich verschenken, sich hingeben. Alles schöne, große, feierliche Worte, aber wie schwer! Wie schwer gerade in unserer Zeit und in dem Zeitgeist, in dem wir stehen! Darum fährt Paulus fort: »Gleicht euch nicht dieser Welt an!« Übernehmt nicht das gleiche »Schema«, nach dem alle Welt lebt! Macht euch nicht gedankenlos zu eigen, was »man« heute tut, was »man« heute gut findet oder schlecht, wie man sich heute verhält. »Gleicht euch nicht dieser Welt an«, das heißt: aus dem Schema, aus der unsichtbaren Zwangsjacke des »man« ausbrechen.

Aber wohin ausbrechen? Zu sich selbst! Allein sein können; in sich selbst schauen; die Stille wagen, um bei sich selbst einzutreten, um in die eigene Tiefe zu gehen! Das meint Paulus, wenn er weiter sagt: Wandelt euch durch die Erneuerung eures Geistes, eures Innersten!

»Wandeln«, das ist das gleiche Wort wie bei der Verklärung Jesu: »Er wurde vor seinen Jüngern verwandelt« (Mt 17,2). Sich wandeln heißt: transparent, durchscheinend werden für das Innerste in uns, für den tiefsten Kern unseres Wesens. Ihn entdecken wir durch die Erneuerung unseres Geistes, wenn wir unsere tiefste Gottbezogenheit lebendig, unsere Gottebenbildlichkeit strahlend werden lassen.

Aus dieser Einkehr bei sich selbst, aus dem Loslassen aller Fremdbestimmung von außen, aus dem Stillwerden ereignet sich – wie Paulus sagt – »das Erkennen, was Gottes Wille ist; was ihm gefällt«. Was aber gefällt ihm? Überlegen wir einmal, was uns am meisten gefällt. Dafür gibt es eine ganz einfache Antwort: Wenn uns jemand sehr, sehr liebhat! Und was gefällt Gott? Wenn wir ihn liebhaben! Wenn wir versuchen, das auch durch unser Leben zum Ausdruck bringen, indem wir uns um das Gute bemühen.

Es gab einen, von dem Gott gesagt, daß er ihm gefällt: »Dies ist mein geliebter Sohn, an dem ich mein Wohlgefallen habe.« Von Jesus lernen wir das wirklich Gute und Vollkommene. Lassen wir uns in dieser Feier mit der Liebe Christi erfüllen; empfangen wir Christus selbst, daß er uns transparent mache für sich selbst als das innerste Geheimnis unseres Daseins: Christus in uns – mehr und mehr! Und dann auch Christus in unserer Mitte! Er ist die Versöhnung und Liebe, zu der wir berufen sind.

Wo ist mein Platz beim Gastmahl des Lebens?

Im Evangelium ist die Rede von der zweifachen Kunst, in rechter Weise Gast und Gastgeber zu sein. Im ersten Teil findet sich ein Satz, der auch für Benedikt in seiner Regel besonders wichtig geworden ist: »Wer sich selbst erhöht, wird erniedrigt, und wer sich selbst erniedrigt, wird erhöht werden.« Nicht nur zu Jesu Zeiten war das Gerangel um die ersten, um die besten Plätze groß: möglichst weit oben stehen in der Weltrangliste, möglichst bekannt, erfolgreich, bewundert sein. Das Ganze ist oft genug nur die Perversion einer tiefen Einsicht: Wir sind Gast auf dieser Erde. Unsere Erschaffung war und ist die große Einladung, Gast zu sein. Nur vergessen wir allzu leicht, wer uns zum Gastmahl des Lebens einlädt, wer unser eigentlicher Gastgeber ist.

Die Kunst, die wir auf dieser Erde lernen müssen, heißt: in rechter Weise Gast zu sein; die Einladung in Dankbarkeit anzunehmen und sie unser Leben lang zu bejahen; zu dem Platz bereit zu sein, der uns angewiesen ist, auch wenn es nach unserem Eindruck der »letzte Platz« sein sollte. Und welches ist mein Platz, wie kann ich das erkennen? Erinnern wir uns an das Wort Jesu: »Der Größte unter euch soll euer Diener sein.« Danach ist mein Platz dort, wo ich mit meinen Gaben und Fähigkeiten am besten dienen kann. Das Gastmahl unseres Herrn setzt sich aus lauter Dienenden zusammen. Selbst der Herr, unser Gastgeber, sagt von sich: »Ich war in eurer Mitte als einer, der dient.« Nur als Dienende und Mit-Bedienende wird uns das Gastmahl dieses Lebens gelingen.

Unsere Berufung, auf dieser Erde Gast zu sein, ist damit verbunden, auch Gastgeber zu sein. Jesus sagt: Lade nicht deine Freunde oder deine Brüder, deine Verwandten oder reiche Nachbarn ein. Sonst laden auch sie dich ein, und damit ist dir wieder alles vergolten. Nein, lade Arme, Krüppel, Lahme und Blinde ein, und du wirst selig sein, denn sie können dir nicht vergelten.« Was wir als Gastgeber lernen müssen, ist die Liebe ohne Bedingungen und Erwartungen, die Liebe ohne Eigeninteresse, die uns Christus ähnlich macht. Nicht: Wie du mir, so ich dir! Sondern es müßte stattdessen heißen: Wie Gott mir, so ich dir – als Gast, Gastgeber. Freie, unbedingte, schenkende Liebe ist der Weg zum ewigen Leben, sie soll einmal die Wirklichkeit unseres Lebens bis ins Letzte und Tiefste sein.

Er hat alles gut gemacht

Schauen wir in unser Leben, in unsere Welt, und fragen wir uns, ob wir uns der Meinung der Leute im Evangelium anschließen können, die da sagen: »Er hat alles gut gemacht.« Können wir das auch sagen? Zu Jesus sprechen: »Du hast alles gut gemacht«? Wir spüren: Dieser Satz ist eine unerhörte Provokation für uns! Jedem von uns mögen sich Gründe aufdrängen, ganz anderer Meinung zu sein. Woran jeder jetzt vielleicht auch denken mag – versuchen wir, einen tieferliegenden, allen unseren Gründen vorausliegenden Grund aufzuspüren.

Jesus hat dem Taubstummen Ohr und Mund geöffnet, er hat zu ihm gesprochen »Effata!, das heißt: Öffne dich! Vielleicht sind unser Ohr und Mund noch nicht wirklich geöffnet, obwohl in der Taufe das Effata über uns gesprochen wurde. Vielleicht können wir Stimme und Gehör noch nicht wirklich so gebrauchen, daß auch uns – wenn auch nicht spontan, so doch in wachsendem Maße – das vielleicht größte Geschenk unseres Lebens zuteil wird, sagen zu dürfen: »Du hast alles gut gemacht, Herr.« Vielleicht können wir Stimme und Gehör nicht wirklich gebrauchen, weil wir sie sehr oft mißbrauchen. Ohr und Mund sind noch nicht wirklich geöffnet, das heißt: Wir haben die Erlösung sich an uns noch nicht voll auswirken lassen, daß wir überall ihre verborgenen Spuren wahrnehmen können – das Ganze des Heils mitten in allem Gebrochenen dieses Erdendaseins.

Wie sieht nun der voll erlöste Mensch aus, bei dem Ohr und Mund geheilt sind, daß er sie recht gebrauchen kann? Schauen wir auf Maria (deren Geburtsfest wir in diesen Tagen feiern). Wir nennen sie die ganz Erlöste; die heilende und schützende Erlösungsgnade Christi war in ihr vom Anfang ihres Daseins an wirksam gewesen. Wie hört Maria? Wir spricht Maria? Sie hört bei der Verkündigung auf die Botschaft. Sie fragt auch zurück: Wie soll das geschehen? Aber im Dunkel des Glaubens sagt sie dann ihr Ja zum Willen Gottes. Ähnlich bei der Hochzeit zu Kana. In dem scheinbar abweisenden Wort Jesu entdeckt sie eine Spur, sie vertraut im Hören. Sie ermutigt die Diener – und uns! –, auf den Willen des Herrn zu hören und ihn zu tun, und so wird alles gut: Wein in Hülle und Fülle! Das meiste, was Maria im Evangelium spricht, ist Lobpreis, der Lobpreis des Magnificat. Dessen Kurzfassung, dessen Inbegriff heißt: »Er hat alles gut gemacht!« So steht sie vor uns als die im Glauben Hörende, als die im Dunkel des Glaubens Sprechende, als die im Glauben Lobpreisende. Und sie ermutigt uns, ebenso zu hören, zu sprechen, zu lobpreisen.

Loslassen

Im Evangelium geht es, wie man heute gern sagt, an die Substanz oder »ans Eingemachte«. Was uns zugemutet wird, ist das Loslassen, das Lassen-Können, um ein gelassener Mensch zu werden. Petrus muß seine Vorstellung vom Messias als glorreichem Befreier loslassen. Er wird konfrontiert mit dem Menschensohn, der viel leiden muß. Und er wehrt sich dagegen, vertraute Vorstellungen beiseite zu legen, falsche Hoffnungen fallen zu lassen. Jesus reagiert hart: »Weg mit dir, Satan! Du hast nicht im Sinn, was Gott will, sondern was die Menschen wollen.« Beim Prozeß des Loslassens geht es immer darum, das Menschlich-Allzumenschliche, das eigene kleine Ich loszulassen, damit das größere Ich, das große Ich Christi in uns Gestalt annimmt.

Zum Loslassen gehört die Bereitschaft, das Kreuz auf sich zu nehmen: »Wer mein Jünger sein will, der verleugne sich selbst – der lasse sich los – und nehme sein Kreuz auf sich.« Was heißt das: sein Kreuz auf sich nehmen? Kreuz ist das, was ich tagtäglich als Minderung in meinem Leben erfahre. Das Ja zu dieser Minderung ist letzlich das Ja zu einem beständigen Prozeß des Sterbens, denn die letzte Minderung unseres Lebens ist der Tod.

Dieser Sterbeprozeß wird noch einmal deutlich angesprochen: »Wer sein Leben retten will, wird es verlieren.« Wieder geht es um das kleine Ich, das ich als »mein Leben« empfinde, um das ich ängstlich besorgt bin, das ich krampfhaft festhalte mit allem, was dazugehört, mit allen Wünschen, Hoffnungen, Aufgaben und Möglichkeiten, auch Gedanken und Vorstellungen, das ich bewahren und »retten« will. Und dann die Zumutung Jesu an uns: verlieren, loslassen. Er hat hier sicher an die Möglichkeit eines gewaltsamen Todes gedacht. Aber damit ein blutiges Martyrium möglich wird, muß ihm immer das unblutige Martyrium des Ja zu den Minderungen unseres Lebens, das Ja zum Loslassen und zur Gelassenheit vorausgehen. Nur wenn ich von Christus und seiner Frohen Botschaft bis ins Innerste durchdrungen bin, wenn sich mein kleines Ich weitet in die Weite Christi hinein, gewinne ich das eigentliche Leben. Mitten im Sterben ist Auferstehung und Freiheit in dem Maße, als der lebendige Christus in uns Gestalt angenommen und unser kleines Ich umgewandelt hat in sein unendliches Du. Dann können wir eintreten in die Fülle des Lebens mit Vater und Sohn im Heiligen Geist.

Der erneuerte Mensch

Von Zeit zu Zeit muß ein Zimmer, eine Wohnung, ein Haus renoviert werden, auch eine Pfarrkirche. Heute soll von einer anderen Renovierung die Rede sein, von der Renovierung der Kirche unseres Herzens. Jeder Gläubige ist ja in der Taufe zu einem Tempel des dreieinigen Gottes geworden. Wir alle sind ein Haus Gottes, wo Gott selbst in unserem Herzen wohnen will. Mit der Renovierung dieser Kirche unseres Herzens kommen wir hier auf Erden nie an ein Ende, unser Inneres bleibt eine beständige Baustelle. Worum geht es bei dieser Erneuerung, wie sieht der erneuerte Mensch aus? Das sagt uns Paulus in der heutigen Lesung.

»Sorgt euch um nichts, sondern bringt in jeder Lage betend und flehend eure Bitten mit Dank vor Gott!« Das erste, was der erneuerte Mensch hat – haben sollte! –, ist ein unerschütterliches Gottvertrauen: »Sorgt euch um nichts!« Dieses Gottvertrauen drückt sich aus in vertrauensvollem Gebet für mich und meine Anliegen, für andere und ihre Anliegen. Das Bitt- und Fürbittgebet muß aber immer verbunden sein mit Dank: »Bringt eure Bitten mit Dank vor Gott!« Gott ist immer ein reich

Beschenkender, er gibt immer mehr, als wir erbitten, wenn auch oft anders, als wir bitten. Die höchste Gabe, die Gott uns schenkt, ist nicht das Bankkonto, nicht die geglückte Karriere oder Partnerschaft und nicht einmal die Gesundheit (auch wenn sie oft als »höchstes Gut« bezeichnet wird). Paulus sagt zu uns: »Der Friede Gottes, der alles Verstehen übersteigt, wird eure Herzen und eure Gedanken in der Gemeinschaft mit Christus Jesus bewahren.« Das höchste Geschenk ist der Friede unseres Herzens mit Gott, der Friede in Gott. Den kann auch der Kranke haben, dem Gesundheit und Gesundung versagt sind. Den kann auch der Sterbende haben, der sein Leben vertrauensvoll in Gottes Hände zurückgibt. Konto und Karriere, Partnerschaft und Gesundheit nützen uns wenig ohne Herzensfrieden.

Wie kommen wir zu diesem Frieden Gottes? Indem wir versuchen, unsere Gedanken immer wieder auf das Gute zu richten. Wenn in meinem Inneren Habsucht, Genußsucht, Ungerechtigkeit, Gier herrschen, dann nützt aller äußere Umweltschutz gegenüber dieser inneren Verschmutzung durch den Egoismus nichts. Doch wenn wir festhalten am Gottvertrauen und am Gebet und unser Denken an Gott orientieren, dann wird, wie Paulus sagt »der Gott des Friedens mit euch sein«. Wir können auch sagen: der Friede Gottes, tiefer Herzensfriede in jeder Lebenslage, in Gesundheit und Krankheit, in Licht und Dunkel, in Freude und Schmerz.

Lebenslanger Lernprozeß

W elches Gebot ist das erste von allen?« Ist diese
Frage, die ein Schriftgelehrter Jesus stellt, auch
unsere Frage? Welches Gebot, oder, vielleicht besser
gesagt, welcher Auftrag ist für uns lebenswichtig? Unser
Lebensauftrag lautet: »Du sollst Gott, den Herrn, lieben
von ganzem Herzen, von ganzer Seele, mit all deinen
Gedanken, mit all deiner Kraft.« Wenn wir das hören,
werden wir völlig ratlos: Wie soll das gehen? Weil das so
schwierig ist, weicht man oft gleich ins zweite Gebot aus
und sagt: Gott lieben, das heißt praktisch den Nächsten
lieben. Wenn wir jetzt den hl. Benedikt um Rat fragen,
dann lautet seine Antwort: Gott lieben, das ist nicht einfach ein schönes Gefühl, sondern ein lebenslanger Lernprozeß. Er nennt sie sogar eine »Schule«: Schule des
Herrendienstes. Wie geht es da zu?

Das Fundament ist die Grundhaltung der Ehrfurcht:
Ehrfurcht vor Gott, Ehrfurcht vor dem Nächsten, Ehrfurcht vor der ganzen Schöpfung. Ein erster Schritt auf
dieser Grundlage ist das Bemühen, die Gegenwart Gottes im eigenen Leben wahrzunehmen, auf seine Stimme
in mir und in den Ereignissen meines Lebens zu hören

und sie im Blick auf die Heilige Schrift immer neu zu deuten. Ein weiterer Schritt: daß ich mich ehrlich und offen unter den Blick Gottes stelle, daß ich die Fehlhaltungen in mir erkenne, die der Liebe zu Gott in mir im Wege stehen. Zu dieser Erkenntnis aber ist die stille Einkehr in das eigene Innere unerläßlich: daß ich mich im schweigenden Beten für Gott öffne; daß ich ihn um Erkenntnis meiner Fehlhaltungen bitte; daß er sie mir verzeiht; daß er mir die Kraft schenkt, sie zu überwinden. Ein weiterer Schritt ist der Blick auf Jesus, der aus Liebe zum himmlischen Vater sein Leben zu einer einzigen Tat des Gehorsams macht. Gottesliebe wird von uns durch Hören, Horchen und Gehorchen gelebt, um in liebender Hingabe Gott wieder ganz zu gehören.

Erst wenn ich mich so von Gott führen und läutern lasse; wenn ich versuche, immer mehr ohne Eigeninteresse zu dienen; wenn ich bereit bin, auch das Leid, Dunkelheiten und Zweifel anzunehmen; wenn ich Geduld habe und ausharre im Dienen und Ertragen, dann erwächst ein tiefes Vertrauen, daß ich von Gott geliebt werde. Dann erwacht auch das Gefühl der Liebe zu Gott in mir als besonderes Geschenk des Heiligen Geistes. Oder mit den Worten der Benediktregel: »Sobald man im geistlichen Leben und im Glauben Fortschritte macht, weitet sich das Herz, und man geht den Weg der Gebote Gottes in unsagbarer Freude der Liebe.«

In der Nacht ihm entgegengehen

Das Gleichnis von den klugen und törichten Jungfrauen ist ein geheimnisvolles Evangelium, voller Bilder. Lassen wir die Sinnbilder auf uns einwirken; versuchen wir behutsam, die Symbole zu deuten, ohne daß eine solche Deutung schon die einzig mögliche wäre. Wer sind die »Jungfrauen«, die auf den Bräutigam warten? Das sind die Menschen, das ist der Mensch, der in seinem Innersten dazu befähigt und bestimmt ist, Gott zu begegnen, in Gott tiefste Ergänzung und Erfüllung, letzte Vollendung und Beseligung – das meint das Bild vom Bräutigam – zu finden.

Welche konkrete Gestalt nimmt dieses Suchen und Finden an? Dafür steht das Bild der Lampe. Es ist das religiöse Leben, in dem der Mensch die Beziehung zu Gott sucht und zu verwirklichen trachtet. Aber nur zu oft ist die Lampe leer, ohne Öl. Vielfach ist Religion nur äußerer Brauch, äußeres Sicherungsbedürfnis. Man tut dies und jenes, aber es fehlt das Öl. Öl ist Sinnbild des Heiligen Geistes. Es fehlt die Kraft Gottes in uns, die uns befähigt, im lebendigen Glauben auf die Begegnung mit Christus hin zu leben.

Daß die Lampe leer ist, merkt man lange nicht – bis man die Nacht spürt, die lange Nacht. Nacht besagt als Bild ein Doppeltes: die Nacht der Stille und Sammlung, wo das Herz weit wird im Lauschen auf geheimnisvolle Laute, die mir das geheimnisvolle Gegenüber ankündigen und ansagen. Aber es gibt auch die Nacht der Leiden, der Zweifel, ja der Verzweiflung. Wenn dann das Öl ausgegangen ist, wenn die Glaubenskraft am Ende zu sein scheint, dann wird alles dunkel. Und man kann die einmalige Chance versäumen: die Begegnung mit Gott, mit dem unbegreiflichen, alle unsere menschlichen Vorstellungen und Erwartungen weit übersteigenden Gott, der nur als der ganz Andere unsere auf Grenzenlosigkeit eingestimmten menschlichen Maße erfüllen und uns in der Tiefe beseligen kann.

Gott kommt in der Nacht. Wer im Glauben fähig ist, sich ihm hinzugeben, zu übereignen, der darf hineingehen zur großen Feier des Einswerdens, der Ruhe, Freude und Seligkeit in ihm. Jedes Leiden wie auch jede Stille und Sammlung bringt uns ein wenig dieser beseligenden Begegnung näher, die sich einmal beim letzten Erscheinen des Herrn über den Tod hinaus vollenden soll. Auf! Der Bräutigam kommt. Habt Öl in euren Lampen, und geht ihm entgegen.

Als wär's ein Stück von mir

I ch hatt' einen Kameraden ...« Das alte Lied wird heute viele Male an unseren Kriegerdenkmälern laut werden. Wir nennen diesen Tag »Volkstrauertag«. Ein Stück der Geschichte unseres Volkes steht uns vor Augen. Aber ist es nicht so, daß der Volkstrauertag sich eigentlich ausweiten müßte zu einem »Welttrauertag«? Ist nicht jeder Tote, der da als Opfer von Krieg und Gewalt irgendwo in der Welt liegt, als Menschenbruder »ein Stück von mir«? Um alle sind wir gerufen zu trauern, um in dieser Stunde das Wort zu vernehmen: »Selig die Trauernden, denn sie sollen getröstet werden.«

Kann uns aber das Wort Gottes heute Trost spenden? Ist nicht im Evangelium von Katastrophen die Rede, von der endgültigen Katastrophe? Nur so lange, wie wir nicht wirklich hingehört haben, was im Evangelium heute als Frohe Botschaft verkündet wird. Mitten in der Vergänglichkeit steht das unvergängliche Wort des Herrn. Er wird kommen, die von ihm Erwählten werden zusammengeführt werden. Als Zeichen dafür, daß das Ende nahe ist, erscheint nicht ein Bild der Zerstörung, sondern des Lebens: »Lernt vom Feigenbaum! Sobald seine Zweige saftig werden und Blätter treiben, wißt ihr, daß der Sommer nahe ist.« Zusammenführung ist Zeit der Ernte, Zeit des vollendeten Lebens in der Fülle Gottes.

Da wird sich mancher fragen: Werde ich zu den Erwählten gehören? Gibt es dafür eine Sicherheit? Allen Voraussagen über das Wann und Wie setzt Jesus ein unbedingtes Ende. Jenen Tag und jene Stunde kennt niemand, nicht die Engel, nicht einmal der Sohn. Nur der Vater! Was bleibt dann? Nicht trügerische Selbstsicherheit, sondern Gewißheit aus dem Glauben. Sie nimmt uns die falschen Ängste, die uns durch finstere Prophezeiungen immer wieder eingejagt werden sollen. Unsere Glaubensgewißheit gründet sich auf Jesus Christus. Er hat sich für uns in unseren Tod hineingegeben, um uns durch sein Sterben und Auferstehen Gewißheit im Glauben über unsere Erwählung zu schenken. Das Ende sind nicht Blut und Tränen, sondern erfülltes Leben.

Läßt sich diese Gewißheit vertiefen, daß sie immer mehr mein Leben trägt? Die Stunde dieser Vertiefung ist jetzt, da wir miteinander Eucharistie feiern. »Als wär's ein Stück von mir«, so reicht er uns seinen Leib als Unterpfand, daß wir ganz und wahrhaftig zu ihm und zueinander gehören. Weil jeder von uns »ein Stück von ihm« ist, ist jeder von uns auch »ein Stück vom anderen« auf dem gemeinsamen Pilgerweg des irdischen Lebens durch Tod und Vergänglichkeit hindurch in die Fülle ewigen Lebens.

Aus der Wahrheit leben

In der Mitte des heutigen Evangeliums steht das Wort von der Wahrheit. Das Königtum Christi ist nur von der Wahrheit zu erfahren. Das Königtum der Wahrheit ist nur im Glauben zu erfassen und zu leben. Ist die skeptische Reaktion des Pilatus: »Was ist Wahrheit?« nicht genau die Versuchung unserer Zeit, sich vor einer letzten verbindlichen Wahrheit zu verschließen? Sich nicht auf sie einzulassen? Inmitten aller Erfahrung von Unwahrheit und Unwahrhaftigkeit müde zu werden, nach der Wahrheit für mich selbst, nach der letzten tragenden Wirklichkeit meines Lebens zu suchen?

»Wahrheit« ist im Johannesevangelium das Leitmotiv, die Melodie des Lebens Jesu. Dazu ist er in die Welt gekommen, Zeugnis für die Wahrheit abzulegen, die er selbst ist als Weg und als Leben: »Niemand kommt zum Vater, nur durch mich.« Das ist kein abstrakter Absolutheitsanspruch, so daß man aus der Vielfalt religiöser Überzeugungen doktrinär »die Wahrheit« ausdestillieren könnte. Die Wahrheit, die Jesus meint, ist als Weg und als Leben ein Vollzug, ein Tun: »Wer die Wahrheit tut, wird erkennen, daß ich aus Gott bin.« »Die Wahr-

144

heit wird euch frei machen« – als verwirklichte, gelebte Wahrheit!

Was ist nun diese »Wahrheit Jesu«, warum kommt niemand zum Vater, nur durch ihn? Weil die Wahrheit Jesu die gelebte Beziehung zum Vater ist. Die Wahrheit seines Lebens ist, zum Vater »Du« zu sagen, immer neu, immer liebender, in der unendlichen Liebesfülle des Heiligen Geistes. Als beständiges Einswerden und Einssein wird diese Beziehung für uns der Weg und das Leben als die Wahrheit unseres Lebens, zu der wir im Glauben eingeladen sind.

Sind wir »aus der Wahrheit«? Geben wir der Ursehnsucht unseres Lebens Raum im Glauben, eins zu werden und eins zu sein, das heißt, Liebende zu werden und Liebende zu sein? Dazu wird uns der göttliche Geist geschenkt, der Geist der Wahrheit, nicht etwa, weil er eine Doktrin garantiert, sondern weil er das Leben aus der Fülle der dreieinigen Wahrheit, des dreieinigen Gottes möglich macht. Inmitten der Entfremdung und Veräußerlichung unseres Lebens sind wir in die Innerlichkeit gerufen. Auf diesem Weg begegnen wir uns selbst, der Wahrheit unseres Lebens; begegnen wir dem Mitmenschen neu und wahrhaftig; begegnen wir dem Kosmos – weil wir in ihnen allen und über alles hinaus dem einen und dreieinen Gott begegnen dürfen und durch ihn immer neu uns selbst, den Nächsten und den Kosmos als Geschenke für unser Leben empfangen.

siehe auch CHRISTKÖNIG → S. 146

145

→ 146

Wenn du in deiner Macht als König kommst

Die Liturgie des Christkönigsfestes besingt die Herr-
lichkeit und Herrschermacht Christi. Wo finde ich
Christus als König? Wir müssen dorthin gehen, wo auf
einer Tafel geschrieben steht: Das ist der König der
Juden. Wir müssen zum Kreuz auf Golgota gehen, die
Menge der Lacher und Spötter durchbrechen, ganz nahe
unter das Kreuz treten und hören, was Jesus spricht:
»Vater, vergib ihnen, denn sie wissen nicht, was sie tun.«
Hierin liegt die erste und wohl tiefste Erfahrung der Herrschermacht Christi. Wer wirklich vergeben kann, ist der
Mächtigste auf dieser Erde, der Friedensfürst. Denn wirklich vergeben ist das Schwerste unter uns Menschen. Das
sehen wir an den Völkern, das erleben wir aber auch in
unserem persönlichen Leben. Wie lange sind wir nachtra-
gend! Wer vergibt, durchbricht das eherne, alles bestim-
mende Gesetz von Ursache und Wirkung. Vergebung ist
wohl das größte Wunder unter uns Menschen. Es ist die
Herrschermacht Christi, an der wir teilhaben dürfen und
sollen, zum Frieden für uns und zum Frieden für die Welt.

Wie kann das geschehen? Rechts und links von Jesus
hängen zwei Verbrecher. Einer bleibt noch am Kreuz in

146

der Gruppe der Lästerer: »Bist du denn nicht der Messias? Dann hilf doch dir und uns!« Damit macht er Jesus dafür verantwortlich, daß es ihm so schlecht geht. Schuld sind immer die anderen, schuldig ist immer der andere. Aber die Herrschermacht Christi erfahre ich nur, wenn ich zu mir selbst und zu meiner Schuld stehe wie der andere Verbrecher: »Uns geschieht recht. Wir erhalten den Lohn für unsere Taten. Dieser aber hat nichts Unrechtes getan.«

Das Bekenntnis der eigenen Schuld ist aber noch nicht alles. Das Entscheidende ist ein Gebet, wie es schlichter nicht gedacht werden kann: »Jesus, denke an mich, wenn du in deiner Macht als König kommst.« Mit dem Namen Jesus, mit Jesus geht er in den Tod, der erste einer endlosen Kette von Menschen bis heute. Im tiefsten Vertrauen und innigster Christusverbundenheit haben sie mitten im Sterben seine Herrschermacht und Herrlichkeit erfahren: »Amen, ich sage dir: Heute noch wirst du mit mir im Paradies sein.« Das ist die Botschaft des heutigen Festes: so mit Jesus leben, daß wir noch im Sterben die göttliche Kraft seines Namens auf den Lippen und im Herzen tragen.

D Herrenfeste und Heiligenfeste

Das Ja Marias, das Ja des Sohnes und unser Ja

In der Stille zwischen dem Wort des Engels und der Antwort Marias liegt der Augenblick der Weltenwende. Wir müßten schweigen, gleichsam einen Augenblick den Atem anhalten, um jenes »Mir geschehe«, die Antwort auf die Botschaft der Freude, in uns widerhallen zu lassen. Denn es ist nicht nur der Augenblick des Glaubens Marias, sondern auch der Augenblick unseres Glaubens.

Durch das Ja und mit dem Ja Marias strömt das Heil in diese Welt, wird das von Ewigkeit her verborgene Geheimnis offenbar: Gott, der Mensch wird. Im Ja der Jungfrau wird noch Tieferes sichtbar: das Ja des Sohnes Gottes zur Menschwerdung und zur Hingabe unter uns Menschen. In der Hingabe Marias vollzieht sich das ewige Ja des Sohnes Gottes zum Opfer für uns, hier mitten unter uns.

Begegnet der Bote Gottes nicht auch uns in unserem Leben, nicht nur einmal, sondern immer neu, in jedem Augenblick? Jeden Augenblick unseres Daseins, ob Freude oder Schmerz, ob Erschrecken oder Geschenk oder Ruf um Hilfe, immer steht der Bote Gottes da. In jedem Augenblick, wo wir ja sagen, wo wir zum gegenwärtigen Augenblick ganz ja sagen, mischt sich mit unserem Ja das Ja des Sohnes Gottes, haben wir durch unsere Hingabe an den gegenwärtigen Augenblick Anteil an der Hingabe des Sohnes. Wenn wir in der Kraft seines Geistes ja sagen zu dem, was unser Leben ist und wie es ist, in Freude und Schmerz, in Last und Belastung und Geschenk, dann erneuert sich in unserer menschlich armseligen Hingabe die ewige Hingabe des Sohnes an den Vater.

Das Ja, das Maria sprach und in dem das Ja des Sohnes aufklang, ermöglicht unser Ja in Gemeinschaft mit dem Ja des Sohnes. So verwandelt sich unser Leben in der sakramentalen Erfahrung des gegenwärtigen Augenblicks. Jeder Augenblick, der erfüllt ist vom Geheimnis der Hingabe, von unserem Ja zum Anruf Gottes – und mag es noch so fragmentarisch und gebrochen sein –, trägt in sich die Christuswirklichkeit des opfernden Lobpreises und des lobpreisenden Opfers. In jedem Augenblick der Stille, wo aus bangem oder freudebebendem Herzen unser Ja in der Kraft seines Geistes hervorbricht, erneuert Christus sein Ja mitten unter uns, zu unserem Heil und zum Heil aller, das wir in seiner Gnade und Kraft immer neu bejahen und annehmen dürfen.

Gehorsam: Grundgestalt des Lebens

Stunde der Verkündigung – Stunde des Heils, weil sie zur Stunde der Menschwerdung wurde. Stunde der Menschwerdung, weil eine Frau das Ja ihres Lebens sprach; weil es für sie die Stunde des Hörens, des Horchens, des Gehorchens war; weil sie ihrem Herrn und Gott ganz gehören wollte und vom Anbeginn ihres Daseins an ganz sein Eigen war. Stunde des Hörens, des Horchens, des Gehorchens, um ihm, dem Einen und Einzigen und Dreieinigen, ganz zu gehören: das ist der Anruf an uns in dieser Stunde.

Gehorsam, ein Wort wie eine schwere Last. Es ist schwer, darin die Grundgestalt unseres Lebens zu erblicken. Gehorsam ist nicht die Frage nach dem Männlichen in uns, wie es vielfach den Anschein hat. Schon die Geschichte unserer deutschen Sprache führt uns auf eine andere Spur. Bis zum Beginn der Neuzeit hieß es nicht »der Gehorsam«, sondern »die Gehorsami«, »die Gehorsame«. Gehorsam ist die Frage nach dem Weiblichen in uns, nach dem Offensein, nach dem Sich-immer-erneut-Öffnen, nach der Hingabe. Es ist die Frage nach unserem Hören, Horchen und Gehorchen. Dies ist das

Urvermögen in der Tiefe unserer selbst, mit dem wir auf den Rufenden, den Werbenden und auf den Auftrag eingehen, den er uns in unserem Menschsein gibt.

Das Fest, das wir feiern, ist die Stunde großer Stille. Und es ist die Frage nach dem Engel in unserem Leben, der immer neu und immer unerwartet und immer auch erschreckend die Botschaft bringt. Er erheischt als unsere Antwort das Ja, das ungeteilte Ja unseres Lebens, auch dort, wo wir für dieses Ja eigentlich keine Möglichkeit sehen. Auch dort wird unser Leben aus diesem Ja heraus Frucht bringen. Wir suchen in unserem eigenen, begrenzten Lebensentwurf immer wieder einen Sinn und meinen, so sollte es sein, so müßte es sein. Es ist immer ganz anders, aber weil es »ganz anders« ist, auch immer mehr, als wir planen und erdenken, immer größer und reicher, auch immer schmerzlicher und darin letztlich auch immer erfüllender.

Die Jungfrau, die den Herrn im Heiligen Geist empfängt, ist das Bild unseres Daseins. Wir sollen immer neu empfangen und unter der Gestalt unseres Lebens den Herrn gebären und darstellen, den Leidenden und Gekreuzigten, aber auch den Verklärten und Auferstandenen. Unter dem Auftrag des Hörens, Horchens und Gehorchens wird unser Leben völlig verwandelt. Weil wir ihm zugehören, wird er in unserem Leben ein und alles sein, alles in allem. Stunde der Verkündigung – Botschaft des Engels. Stille – Hören, um ganz ihm zu gehören.

Tempel des Herrn werden im Schweigen

Die Fülle von Wort, Bild, Klang am heutigen Hochfest hat nur den einen Sinn: auf das große Schweigen hinzuweisen. Im Schweigen hat sich die Menschwerdung Gottes ereignet. Im Schweigen ereignet sie sich in der Gegenwart. Wir stehen überwältigt vor diesem Geschehen wie vor etwas Unerreichbarem, Fernem, Unzugänglichem. Aber auf dem Weg des Schweigens und der Stille wird es möglich, daß der, der in Maria Fleisch annahm, auch in uns gegenwärtig wird.

Für die orthodoxe Überlieferung was das Geschehen in Nazaret nicht etwas, das unvorbereitet eintrat. Nicht nur haben Vorgänge und Bilder und prophetische Verheißungen im Alten Bund verhüllt darauf hingewiesen, sondern auch die Jungfrau war darauf vorbereitet: durch Schweigen. Ihr Weg des Schweigens begann mit ihrem Einzug in den Tempel. Das hatte keinen anderen Sinn, als vorbereitet zu werden auf die Erfahrung, selbst ganz Tempel des Herrn zu sein, Tempel, in dem Er leibhaft Wohnung nimmt. Der hl. Gregor Palamas beschreibt das Schweigen so: Vergessen des Niederen; Erkennen des Höheren; Schweigen der Welt und Schweigen des Geistes, um die Gedanken hinzugeben an etwas Besseres, als sie sind, nämlich an die Unbeschreiblichkeit der Erfahrung, selber Tempel des Herrn zu werden.

Freilich geht es nicht nur um das Schweigen, das Loslassen, das Leerwerden von sich selbst, um Stille als schöpferische Leere. Sondern zum Loslassen gehört auch jenes letzte Loslassen, das Maria in die Worte faßt: »Siehe, ich bin die Magd des Herrn; mir geschehe nach deinem Wort.« Sich selbst in Gott hinein loslassen in der letzten, alles umfassenden und durchdringenden Bereitschaft, daß sein Wille geschehe!

Und wenn dieser Wille geschieht und wenn er Wohnung nimmt im Schoß der Jungfrau, wenn er Wohnung nimmt durch seinen Geist in uns allen, wie ist davon zu künden? Einzig und allein im Lobpreis! Denn sie, die sich aufmacht, um Elisabeth zu besuchen, kann von dem, was in ihr geschehen ist, nicht anders sprechen als im Lobpreis: »Hoch preiset meine Seele den Herrn!« Schweigen, Loslassen, das Ja zum Willen Gottes und der Lobpreis, das ist der Weg, der uns im Blick auf Maria am heutigen Tag begegnet, damit auch wir Tempel seiner Herrlichkeit werden.

Auf dem Weg zum Tabor-Licht

Petrus möchte auf dem Tabor Hütten bauen, aber Hütten werden auf dem Tabor nicht gebaut. Es mag uns Wehmut beschleichen angesichts der Vergänglichkeit dieser herrlichen Erfahrung. Auf dem Tabor ist kein Verweilen erlaubt; es heißt wieder hinabzusteigen. Und vergessen wir nicht: Das Taborgeschehen ist eingerahmt vom Ruf Jesu zur Kreuzesnachfolge und von der Ankündigung seiner Passion. Was ist der Sinn dieser kurzen, ach so kurzen Tabor-Erfahrung für die Jünger? Sie sollen auf den Weg gebracht und auf dem Weg gestärkt werden. So erinnern auch wir uns in den Dunkelheiten unseres Weges an Tabor-Stunden, in denen uns Gewißheit für unseren Glaubensweg geschenkt wurde, mitten im Dunkel und ganz im Verborgenen ein unauslöschliches Licht.

Was ist das Ziel dieses Weges? Das Ziel ist die Verklärung, unsere Teilhabe an der Verklärung Jesu und durch uns Teilhabe der ganzen Schöpfung an der Verklärung Jesu. Was aber ist nun, und das scheint viel zu wenig bedacht zu werden, die Verklärung selbst, ihr Innerstes, gleichsam der Kern des Lichts? Das sich ausbreitende Licht im Sohn und vom Sohn her ist nichts anderes als das Sichtbarwerden und Wirklichwerden des Wortes: »Das ist mein geliebter Sohn, an dem ich mein Wohlgefallen habe.« Im unbedingten Sich-geliebt-Wissen von Vater und Sohn im Geist geschieht Verklärung, leuchtet das auf, was im Johannesevangelium Herrlichkeit heißt. Um ein schwaches Abbild zu nehmen: Erfahren die wahrhaft Liebenden nicht immer wieder ein wenig vom Licht der Verklärung? Wird ihnen nicht »die ganze Schöpfung« verklärt, gewinnt sie nicht eine neue, das Vergängliche überstrahlende Qualität?

Vom hl. Benedikt heißt es: »Seine Sehnsucht war es, Gott allein zu gefallen.« Das sollte von uns allen gelten, die wir den Weg gehen wollen. In der wahrhaftigen Suche nach Liebendürfen und Geliebtsein im dreieinigen Gott ereignet sich schon geheimnisvoll Verklärung. »Ich habe ihnen deine Herrlichkeit gegeben, damit sie eins seien, wie wir eins sind.« Tabor-Herrlichkeit, Licht-Herrlichkeit ist die Herrlichkeit im Einssein der Liebe. Fest der Verklärung ist keine wehmütige Erinnerung an vergangene, unwiederholbare Taborstunden unseres Lebens, sondern Ermutigung, daß wir uns auf den Weg machen, auf den Weg des Dienens und des grenzenlos Geliebtwerdens.

Das Leiden ist die Verklärung

Wir feiern das Fest Christi Verklärung. Von ihm strömt eine geheimnisvolle Kraft aus, die uns im Innersten ergreift. Der Herr erstrahlt, er wird transparent für das, was er im Innersten ist. Wir fühlen Geborgenheit. Wir möchten bei ihm sein, bei ihm verweilen. Aber wir wissen: Der Herr ist nicht auf dem Berg geblieben. Auch die Jünger nicht. Es besteht die gefährliche Versuchung für uns, dort oben bleiben zu wollen. Aber der Weg in die Transparenz, in das, was der Herr im Innersten ist und was wir im letzten sein dürfen, beginnt erst. Der Weg zum bleibenden Tabor geht nur über Golgota.

Der Bericht von der Verklärung ist eingebettet in die Ansage des Leidens. Nach dem Lukasevangelium sprechen Mose und Elija mit ihm von seinem Tod, den er in Jerusalem erleiden soll. Damit wir keinen Täuschungen erliegen! Es gibt auch für uns keinen anderen Weg in die Transparenz als den Weg durch das Leiden. Um es überspitzt zu sagen: Das Leiden ist die Verklärung. Nicht das »gesuchte« Leiden, nicht das selbstquälerisch »gewollte« Leiden, sondern das Leiden, das uns Tag um Tag vom Herrn neu zugemutet wird. Dazu sollen wir unser Ja sagen, um so in die Transparenz der Sohnschaft zu gelangen.

Das Evangelium schließt mit einem geheimnisvollen Wort: »Dies ist mein geliebter Sohn, auf ihn sollt ihr hören.« Wir sollen nicht nur darauf hören, was er uns in seiner Unterweisung sagt, sondern vor allem, wie er seine Sohnschaft lebt im Ja zum Willen des Vaters: »Ich preise dich, Vater, Herr des Himmels und der Erde, weil du dies den Klugen und Weisen verborgen, den Unmündigen aber geoffenbart hast. Ja, Vater, so hat es dir gefallen.« Das ist das erste Ja, das Jesus zu seinem Leiden spricht. Denn die »Klugen und Weisen« werden ihn ja ans Kreuz schlagen. Dann sein Gebet am Ölberg: »Laß diesen Kelch an mir vorübergehen. Aber nicht wie ich will, sondern wie du willst«, bis hin zum Ruf am Kreuz: »Warum hast du mich verlassen?« Das alles muß zusammengehört werden mit jenem Wort von der Herrlichkeit, für die Jesus dem Vater dankt, die er vom Vater empfangen hat und die er uns geben will.

Das Licht der Verklärung bricht nur durch im Dunkel des Karfreitags. Das wahre Licht leuchtet in der Finsternis der Leiden. Nur weil es so ist, können und dürfen wir einwilligen in unser eigenes Leiden und in das anderer. Möge das Licht vom Tabor uns aufgehen und uns helfen, ja zum Leiden zu sagen und uns hineinzugeben in die letzte Wandlung, die das Leiden bewirkt, daß auch wir durchscheinend und erfüllt werden vom Licht des dreifaltigen Gottes.

Die Freude, das Leid und die Vollendung

Das Evangelium am Fest der Aufnahme Mariens in den Himmel spricht von drei Menschen, die sich freuen: von Elisabeth, die den Vorläufer des Messias in ihrem Schoß trägt; von Johannes, der im Mutterleib vor Freude hüpft; von Maria, die Mutter des Messias werden soll. Drei Menschen freuen sich, weil sie inne werden, welchen Weg der Herr für sie bestimmt hat. Drei Menschen spüren die Freude ihrer Berufung, vermittelt durch das Einander-Anschauen, durch den Gruß der Freundschaft, Verwandtschaft und Liebe.

Maria stimmt das Lied der Freude, das Magnificat, an. Hier klingt etwas von der Vollendung an, der sie entgegengehen darf: »Von nun an werden mich seligpreisen alle Geschlechter.« Was hier nicht anklingt, ist der Ton der Klage, den beide Mütter einmal werden anstimmen müssen, wenn Johannes das Haupt abgeschlagen wird und wenn Maria unter dem Kreuz ihres Sohnes steht. Es gibt keine bleibende Freude ohne das Leid, weil es keinen Lebensweg auf dieser Erde ohne Leid gibt. Erst wenn ich das Leid als wesentlichen Teil meines Lebensweges annehme, nehme ich mich selbst an und kann ja sagen

160

zu mir und meinem Leben. In diesem Ja, letztlich im Ja zum Willen Gottes liegt die bleibende und unauslöschliche Freude.

Freude hier auf Erden ist immer Vorfreude: Ahnung und Hoffnung einer ewigen Vollendung, in die Maria mit Leib und Seele eingegangen ist. Aber als in den Himmel Aufgenommene leuchtet sie uns nicht in unendlicher Ferne auf, sondern aus einer grenzenlosen Nähe. Darum können wir uns freuen, weil sie geheimnisvoll als im Herrn Vollendete unter uns zugegen ist, um uns in mütterlicher Nähe liebend einzuladen, unseren Weg in der Vorfreude auf Vollendung zu gehen, im Streben nach vollkommener Erfüllung des Willens Gottes, im Ja zu der Berufung, die jeder einzelne von uns hat.

Unser Blick bleibt nicht allein auf Maria haften, sondern wir schauen einander an, so wie Elisabeth und Maria einander angeschaut haben. Ermuntern auch wir uns gegenseitig auf dem Weg zur Vollendung. Machen wir einander Mut, daß wir auf unserem Weg, selbst wenn wir fallen, mit Gottes Hilfe wieder aufstehen und weitergehen können. Machen wir einander Mut, indem in unseren Herzen immer wieder Sehnsucht geweckt wird nach der Vollendung, die Maria und allen Heiligen geschenkt ist.

Einübung in den Lobpreis

Der Traum von einer heilen Welt – jeder träumt ihn auf seine Weise: den Traum von einer heilen Beziehung, von einem heilen Beruf, von einer heilen Familie, von einem heilen Kloster. Aber der Traum stimmt nirgends. Immer gibt es ein bitteres Erwachen. Überall ist unsere Welt brüchig, überall voller Spannungen, voller Unfriede, gezeichnet von Elend, Krankheit und Tod.

Und doch, manchmal, für eine ganz kurze Zeit, erhaschen wir einen Schimmer von einer letzten Schönheit und Harmonie, von einem tiefen Frieden, von vollendeter Einheit aller Wirklichkeit, sei es im Erleben einer Blume, einer Landschaft, eines Kunstwerks, einer menschlichen Begegnung, eines Gottesdienstes. Und wir fragen uns dann: Ist mein Traum wirklich nur eine Illusion? Die Antwort ist einfach: Es gibt keine heile Welt, aber es gibt die Welt des Heiles. Es gibt jene Welt des Heiles, die mit der Auferstehung Christi ihren Anfang nahm, die Welt der vollen und restlosen Erlösung, wie sie uns heute im Zeichen der Aufnahme Mariens in den Himmel vor Augen tritt, freilich, vor die Augen des Glaubens.

Diese Welt des Heiles ist unendlich viel mehr als die heile Welt, die wir uns nach rein menschlichen Vorstellungen und Bedürfnissen erträumen. Ist sie nur etwas Fernes, Zukünftiges oder auch etwas Nahes, Gegenwärtiges? Wie kann ich sie erfahren? Maria zeigt uns im Evangelium den Weg. Sie singt ihr Magnificat: »Meine Seele preist die Größe des Herrn.« In der Erwartung der Geburt des Erlösers der Welt, am Anfang ihres Glaubensweges, stimmt sie den Lobpreis an. Und am Ende dieses Weges, beim Schritt in die Vollendung bei Gott, den wir am heutigen Fest feiern, steht der Lobpreis, der Dank für alles, auch für das Schwere, auch für das Kreuz.

Lobpreis kann unser Leben verändern. Aus dem »Jammertal« wird die Welt des Heils. Jedem Christen ist aufgegeben, sein Leben in diesen Lobpreis einzuüben entgegen allem Anspruchsdenken, entgegen allen Ängsten, in diesem Leben zu kurz zu kommen, entgegen auch der blut- und tränengetränkten Erde, die wir Tag für Tag erleben. Ja, Lobpreis auch mitten im Leid, in der Erfahrung der eigenen Nichtigkeit, in tiefster Not. Wo der Mensch lobt, da steht er in der Welt des Heiles, da sieht er den Himmel wieder offen, und manchmal erlebt er auch ein Stückchen Himmel auf Erden.

Einswerden durch das Kreuz

D as Fest der Kreuzerhöhung stellt uns das Kreuz vor Augen als das große Zeichen des Heiles, das uns zuteil geworden ist und immer neu zuteil wird. Im Evangelium findet sich ein zeichenhafter Vorgang, der unauffällig erscheinen mag und doch das Entscheidende und Tiefste zum Ausdruck bringt. Dem Wort der Vollendung »Es ist vollbracht« geht ein unergründlich inniges Geschehen voraus. Der am Kreuz erhöhte Herr sieht seine Mutter Maria und den Jünger Johannes, zwei Menschen, die er in unaussprechlicher Weise liebt.

Hier ist gleichsam eine vertikale Linie: das erhöhte Kreuz, und eine vertikale Bewegung von oben nach unten: die Liebe des Herrn zu seiner Mutter und zum Jünger Johannes. Und jetzt bewirkt er gleichsam die Horizontale im Zeichen des Kreuzes, indem er zur Mutter sagt: »Siehe, dein Sohn« und zum Jünger: »Siehe, deine Mutter«. In der Liebe, die von oben herabströmt auf die beiden Menschen und dadurch Einheit zwischen ihnen schafft, vollendet sich das Kreuz. Alles, was Menschen voneinander trennt, auch die Spaltung zwischen Mann und Frau, ist im Grunde aufgehoben. In diesem

Verbundenwerden kündet sich das Tiefste und Letzte und Eigentliche des Heiles, der Erlösung an: das Einswerden in der Liebe und durch die Liebe des Gekreuzigten. Menschen können wieder miteinander eins werden und darum auch mit sich selbst die letzte Einheit finden, weil sie einander im Herrn lieben und sich vom Herrn grenzenlos lieben lassen.

Das Ausmaß der Freude über die Erlösung hängt aber immer zusammen mit dem Ausmaß an Betroffenheit über die Größe unserer Schuld und die Tiefe unserer Verlorenheit. Ein Fest wie Kreuzerhöhung kann auch die Gefahr mit sich bringen, daß wir über der Verklärung des Kreuzes, die heute so aufstrahlt, das Kreuz in seiner Verborgenheit mitten in unserem Leben nicht mehr erkennen, weil das Kreuz im Alltag oft so ein kümmerliches und widerliches Aussehen hat. Wir müssen oft lange hinschauen, und können das nur in der Kraft des Heiligen Geistes, um es als das Kreuz zu erkennen und anzunehmen, mit dem der Herr uns meint. Alle Freude über das Kreuz als Zeichen des Heiles, der Versöhnung und Einheit ist nur dann wirklich und echt, wenn sie das Ja zum Kreuz in seiner Verborgenheit und Härte und all seinem Schmerz einschließt.

Auf den blicken, den wir durchbohrt haben

D er erste Freitag im Monat, der Herz-Jesu-Freitag, will uns immer neu das Geheimnis des Karfreitags vor Augen führen, das Geheimnis der gekreuzigten Liebe Gottes. Im Evangelium heißt es: »Einer der Soldaten stieß mit der Lanze in seine Seite, und sogleich flossen Blut und Wasser heraus.« Der Lanzenstoß des Soldaten löst die Quelle aller Reinigung, allen Erbarmens, aller Versöhnung, der Erlösung aus. Blut, das uns alle entsühnt, reinigt und heiligt – ob Katholiken, Orthodoxe, Evangelische. Dieses durchbohrte Herz meint uns alle, denn der Soldat, das sind wir alle. »Sie werden auf den blicken, den sie durchbohrt haben.« Das ist unsere tiefste Gemeinsamkeit: miteinander auf den blicken, den wir miteinander durchbohrt haben.

Im Licht des durchbohrten Herzens unseres Herrn entrollt sich für jeden von uns die Geschichte seines Lebens, die Geschichte seiner Schuld. Im Licht des durchbohrten Herzens Jesu offenbart sich aber auch unsere gemeinsame schuldbeladene Geschichte. Allein im Blick auf dieses durchbohrte Herz ist es möglich, über diese Schuld zu sprechen, auch über die Schuld, die wir voreinander und miteinander haben als Nationen und als Konfessionen. Vor dem durchbohrten Herzen Jesu hat aber auch das Aufrechnen dieser Schuld ein Ende. Denn es gibt jetzt nur eines: das Erbarmen, die Versöhnung, das Umfangensein von einer grenzenlosen Liebe, die sich in diesem Tod des sterbenden Gottessohnes ausdrückt.

Wir haben das Herz Jesu durchbohrt. Aber die Schuld wird zur »glückseligen Schuld« – auch unsere Schuld als Nationen und Konfessionen –, wenn wir in immer neuer Liebe aufeinander zugehen, wenn der Stich in das Herz Jesu nun zu jenem Stich wird, der durch unser eigenes Herz geht, wenn wir immer neu erschüttert werden vom Ausmaß unserer Schuld und zugleich bis ins Innerste erschüttert werden vom Ausmaß der Liebe des Herrn, der alle unsere Schuld verzeiht. Der Stich und der Stachel im Herzen muß bleiben, bis wir wieder ganz in der Liebe Jesu eins sind. Halten wir diesen Schmerz aus, weil nur der Schmerz den Blick immer neu lenkt auf den Schmerz, den wir dem Herrn zugefügt haben. Im Blick darauf bleibt uns nichts anderes, als die Fülle seines Erbarmens miteinander zu ersehnen, zu erhoffen, zu erbeten und diese Liebe von ihm miteinander zu teilen.

Wir beten dich an in all deinen Kirchen

Wie kann das heutige Fest für uns zu einer lebendigen inneren Wirklichkeit werden? Ein Bericht aus der Frühzeit der franziskanischen Bruderschaft mag uns dabei helfen. »In jener Zeit«, so erzählt Thomas von Celano, der erste Biograph des hl. Franziskus, »baten die Brüder Franz, er solle sie beten lehren. Ihnen sagte der Heilige: Wenn ihr betet, so sprecht: ›Vater unser ...‹ und ›Wir beten dich an ...‹ Darum, wo immer eine Kirche stand, verneigten sie sich tief zur Erde, und mit Leib und Seele ihre Verehrung bezeugend, beteten sie den Allmächtigen an mit den Worten: ›Wir beten dich an, Herr Jesus Christus – und in all deinen Kirchen, die in der ganzen Welt sind –, und wir lobpreisen dich, denn durch dein Kreuz hast du die Welt erlöst.‹«

Was geschieht in dieser Geschichte? Franz unterweist seine Brüder, in jeder Kirche, die ihnen begegnet, das Geheimnis der Erlösung anzubeten. Das Gebet selbst stammt nicht von ihm, es ist ein liturgischer Text vom Fest Kreuzerhöhung, in den er aber seine eigenen Worte einfügt: »Und in all deinen Kirchen, die in der ganzen Welt sind«. Sein Blick weitet sich auf alle Kirchen in der ganzen Welt. »Alle« und »ganz« sind Worte, die bei Franziskus immer wiederkehren. In ihnen kommt die universale Haltung des Heiligen zum Ausdruck, die darin gründet, daß Christus am Kreuz für alle in der ganzen Welt gestorben ist. Er hat die durch den Sündenfall verursachte Trennung von Schöpfer und Geschöpf aufgehoben. Durch seinen Tod und seine Auferstehung hat er in der Aussendung seines Geistes »alles in allem erfüllt«. Alle Kirchen sind Zeichen für die wiedergefundene All-Einheit der erlösten Schöpfung in ihrem Schöpfer und Erlöser. So werden sie zum »Ort Gottes«, der erfüllt ist von Anbetung und Lobpreis über das Geheimnis der Erlösung.

Die gebauten Kirchen als Ort der Anbetung aber weisen uns noch auf einen anderen Ort der Anbetung hin, der uns meist wenig bewußt ist. Das sind wir selbst als Wohnung Gottes, als Tempel des Heiligen Geistes. Diese Anbetung in unserem Innersten bleibt nicht bei uns stehen, sondern bezieht auch die anderen ein. Durch die Teilhabe am mystischen Leib Christi geschieht ein gegenseitiges Sich-Durchdringen im Geiste, gerade dort, wo die »Bleibe Gottes« im Verfall begriffen ist. Wenn Kirchen heute veröden und verfallen, weil sie nicht mehr Orte der Anbetung sind, ist es vielleicht die wichtigste Aufgabe des Wiederaufbaus, daß wir den Ort der Anbetung, der wir selbst sind, neu mit Leben erfüllen und dabei einander im Geiste liebend beistehen.

Ineinander von göttlicher und menschlicher Liebe

Wunderbares Ineinander von göttlicher und menschlicher Liebe: Scholastika, die große Christus-Liebende, die gleichzeitig ihren Bruder Benedikt so innig liebt, daß sie ihn länger sehen möchte, als dieser ihr gewähren will. Gott erhört ihren Wunsch, wie erzählt wird, durch das Wunder des plötzlichen Gewitterregens, das ihren Aufbruch zum letzten Heimgang noch einmal aufschiebt. Die menschliche, geschwisterliche Liebe ist ganz in die Christusliebe aufgenommen. Scholastika darf mit ihrem Bruder zusammen, ihm als seine Lehrmeisterin vorausgehend, den Weg zu Christus gehen.

Die Lesung aus dem (in der liturgischen Leseordnung so verdrängten) Hohenlied besingt die Liebe in einem tiefen Bild: »Leg mich wie ein Siegel auf dein Herz, wie ein Siegel an deinen Arm!« Ein Siegel war in jener Zeit etwas sehr Kostbares, Inbegriff der ganzen Rechts- und Geschäftsfähigkeit eines Mannes beim Abschluß von Verträgen, so kostbar, daß er es immer um den Hals oder am Arm trug, um es ja nicht zu verlieren. Das dürfen wir mit der ganzen Überlieferung auf die Liebe zwischen Gott und Mensch deuten. Wir kleine Menschen gehören zum Kostbarsten, das Gott haben kann. Seine Liebe ist so groß, daß er uns »wie ein Siegel an sein Herz legt«. Wir können auch sagen: »Laß mich gesiegelt sein mit deinem Namen« oder umgekehrt: »Laß meinen Namen auf deinem Siegel stehen, daß ich weiß: Du hast mich beim Namen gerufen und trägst mich immer an deinem Herzen.«

Dann werden Urgewalten der Welt aufgeboten, um die Größe der Liebe zu besingen, die zwischen Christus und uns besteht: »Stark wie der Tod ist die Liebe, die Leidenschaft hart wie die Unterwelt.« Christus ist aus Liebe zu uns am Kreuz gestorben. Diese Liebe weckt eine Antwort, wie sie etwa Mechthild von Magdeburg zum Ausdruck bringt: »Ich stürbe gern aus Minne, könnt' es mir geschehn, denn jener, den ich minne, den habe ich gesehn mit meinen lichten Augen in meiner Seele stehn.« Wie die Unterwelt ihre Toten, so gibt auch die Christusliebe den Menschen, der von ihr bis ins Innerste erfaßt und durchdrungen ist, nicht mehr frei. Die Glut dieser unverlierbaren Liebe ist so gewaltig, daß auch »mächtige Wasser« ihre Flammen nicht löschen können. Hier leuchtet das früher sehr verehrte Bild des heiligsten Herzens Jesu auf. Seine Liebe ist reines Geschenk, durch nichts zu erkaufen und zu erzwingen, ein so großes Geschenk, daß man alles dafür hergibt, und das heißt: sich selbst.

Geschenk der Freundschaft

Was brauchen wir als Menschen am dringendsten? Kleidung, Nahrung, Wohnung, Geld? Ist das wirklich das Dringendste? Sehnt sich unser Herz nicht noch mehr nach einem Menschen, der uns versteht, mit dem wir uns verstehen, dem wir vertrauen, der uns vertraut? Wir sehnen uns nach Freundschaft. Auch Heilige, die ja das Menschliche zutiefst leben und verkörpern, tun das. Sie erfahren solche Freundschaft in besonderer Weise als Geschenk Gottes, weil sie ein Weg zu Gott, ein Weg zur Heiligkeit ist.

Zum Leben Benedikts gehört die tiefe Freundschaft mit seiner Schwester Scholastika. Sie, die ebenfalls in einem Kloster lebte, pflegte ihren Bruder einmal im Jahr zu besuchen. Andere Mönche waren dabei, wie ja wahre Freundschaft immer offen ist für andere und andere nicht aussschließt. Dann sprachen sie lange über den Weg zu Gott und die Schönheit des ewigen Lebens. Die Ergänzung, die sie miteinander erfuhren, ließ sie Ausschau halten nach der letzten Ergänzung unseres Menschentums, die Gott allein sein kann. Der letzte Besuch war bei Scholastika von der Ahnung ihres baldigen Todes nicht überschattet, sondern überstrahlt. Sie sagt zu ihm: »Laß uns die Nacht zusammensein und über die Freuden des Himmels reden.« Erschrocken über dieses ungewöhnliche Ansinnen, wollte er ins Kloster zurückkehren. Da versenkte sich Scholastika unter Tränen ins Gebet, und plötzlich brach ein Gewitter mit solchen Regenmassen hernieder, daß an sein Fortgehen nicht zu denken war. So konnten sie ein letztes Mal miteinander Ausschau halten nach der Ewigkeit. Drei Tage später sieht er in einer Vision die Seele Scholastikas in Gestalt einer Taube gen Himmel schweben, und er preist Gott für die Verherrlichung seiner Schwester, des Menschen, der ihm ein Leben hindurch das Geleit gegeben und ihm auch eine letzte Lektion erteilt hatte: daß die Liebe über dem Gesetz steht.

Mit dieser tiefsinnigen Geschichte und mit diesem Bild vor Augen wollen wir in unser eigenes Leben schauen: voller Dankbarkeit für alles, was uns an Gemeinschaft und Freundschaft, an Verstehen und Vertrauen geschenkt wurde und was wir selbst schenken durften. Und denken wir daran: Wahre Freundschaft dauert selbst über den Tod hinaus, und wahre Freundschaft findet immer ihre Vollendung in der Gottesfreundschaft.

Miteinander das ewige Leben ersehnen

Fest des hl. Benedikt oder, wie es genauer heißt, »Heimgang« oder »Hinübergang« (lat. transitus) unseres heiligen Vaters Benedikt. Er hat auf diesen heiligsten Augenblick eines Menschenlebens hingelebt und seine Brüder dazu angehalten, auf diesen Hinübergang hinzuleben. »Den drohenden Tod soll man täglich vor Augen haben«, heißt es in der Regel, und in Verbindung damit: »Das ewige Leben soll man mit aller geistlichen Sehnsucht erwarten.« Schließlich sagt er am Ende der Regel, die Mönche sollen »Christus gar nichts vorziehen, der uns alle zusammen zum ewigen Leben führen möge«. Christus gar nichts vorziehen, das heißt, von glühender Christusliebe erfüllt sein, die uns treibt, daß wir uns miteinander nach dem ewigen Leben sehnen.

Dazu ist jeder Christ berufen, und dazu geht man ins Kloster. Die drei benediktinischen Gelübde sind im Grunde nur Schritte auf dem Weg zum einen Ziel, das Einssein in Gott zu erfahren durch Ganzhingabe. Der erste Schritt ist das Gelübde der Beständigkeit: in dem Kloster bleiben, in dem man eingetreten ist, in dieser Gemeinschaft bleiben wie in einer Familie mit ihren Vorzügen und Schwächen; sie immer mehr liebzugewinnen, indem man die Gemeinschaft aushält, indem man sich selbst aushält und nicht vor sich selbst davonläuft, indem man immer tiefer beschämt erkennt, daß die anderen einen selbst ebenso aushalten müssen, wie man sie aushält. Das Ganze ist ein Lernprozeß, der sehr viel Geduld erfordert; nicht umsonst spielt sie in der Regel eine so große Rolle.

Der zweite Schritt ist das Gelübde des klösterlichen Lebenswandels. Das ist die ganze Praxis eines mönchischen Lebens: das gemeinsame und das private Gebet, die Anspruchslosigkeit, das Maßhalten, die Ehelosigkeit, die Hilfsbereitschaft, die Versöhnungsbereitschaft, das Wachsein, das Denken an den Tod, die Sehnsucht nach dem ewigen Leben.

Der dritte Schritt schließlich das Gelübde des Gehorsams, mit dem sich der Zeitgeist heute so schwer tut. Dabei geht es zuallererst um ein Hören auf Gott, ein Erspüren, was Gottes Wille ist, sein Liebeswille mit mir, um immer mehr Gott ganz zu gehören und mit ihm eins zu werden, so wie Jesus durch seinen Gehorsam eins mit dem Vater ist. Die Gelübde, so dynamisch verstanden, verlangen innere Lebendigkeit und bei aller Beständigkeit auch Veränderungsbereitschaft und Anpassungsfähigkeit an die gegebenen Umstände, durch die Gott in seiner Liebe zu mir spricht. So geht es letztlich um die immer tiefere Erfahrung der Liebe Gottes auf dem Wege zum vollendeten beseligenden Einssein mit ihm.

Einander in Ehrfurcht zuvorkommen

Benedikt nennt das Kloster eine »Schule des Herrendienstes«. Was gilt es in dieser »Schule«, zu der im
Grunde jeder Christ berufen ist, zu lernen? Lieben und
Loben! Alles, was wir sonst auf Erden lernen, können wir
für die Ewigkeit nicht gebrauchen, nur, was wir gelernt
haben an Liebe und Lobpreis. Lieben lernen und loben
lernen, das ist sozusagen unser Schulprogramm hier auf
Erden. Das rechte Lernen ist an zwei Grundbedingungen
gebunden, ohne die auf dem Weg des geistlichen Lebens
auf die Dauer gar nichts geht. Sie spielen in der Benediktregel eine überragende Rolle. Das eine ist die Geduld,
das andere, genauso wichtig, heute aber weithin vergessen, verachtet und verächtlich gemacht: die Ehrfurcht –
Ehrfurcht vor den Dingen, vor Gott, vor den Menschen.

Die Ehrfurcht vor den Dingen kommt darin zum
Ausdruck, daß alle Habe, wie es einmal in der Regel
heißt, »wie kostbares Altargerät« behandeln werden
soll. Alle Dinge sollen ihren ursprünglichen Glanz als
Gabe Gottes bekommen. Das ist der Sinn der Anspruchslosigkeit, des einfachen, vom Unnötigen und Überflüssi-
gen frei gewordenen Lebens. Je weniger ich habe, desto

ehrfürchtiger gehe ich mit dieser Habe um, desto behutsamer, pfleglicher. Sie ist nicht mein Besitz, mit dem ich machen kann, was ich will, sie ist mir zum Gebrauch anvertraut.

Die Ehrfurcht vor Gott, auf die Benedikt immer wieder zu sprechen kommt, ist nie etwas rein Innerliches, sie muß leibhaftig zum Ausdruck gebracht werden – zum Beispiel durch Sich-Erheben, Sich-Verneigen und vor allem durch Schweigen. Die alles durchdringende und erfüllende Stille ist der symbolische Ausdruck für die Gegenwart Gottes. Gott ist keine blasse Idee, sondern lebendigste Realität, der man im Schweigen Ehrfurcht erweist.

Vielleicht das schwerste ist die Ehrfurcht vor dem Menschen, den Mitmenschen. Benedikt erinnert wiederholt an das Pauluswort: »Kommt einander in Ehrerbietung zuvor!« Wie äußert sich diese gegenseitige Achtung? Daß körperliche und charakterliche Schwächen mit größter Geduld ertragen werden; daß man im gegenseitigen Gehorsam miteinander wetteifert; daß keiner auf das eigene Wohl achtet, sondern mehr auf das der anderen; daß man einander selbstlos die Bruderliebe erweist. Und der tiefste Grund für diese Ehrfurcht? Weil in den Brüdern, in den Schwestern Christus gegenwärtig ist! Ihm soll überhaupt nichts vorgezogen werden. Das ist die Summe der Regel.

Christus nichts vorziehen

Die Priorität, die Benedikt in seiner Regel für das klösterliche Leben setzt, die aber für das christliche Leben überhaupt gilt, heißt: Christus nichts vorziehen. Im Evangelium ist die Rede von einem, der zu Jesus sagt: »Ich will dir folgen, wohin du auch gehst.« Ihm macht Jesus die Härte dieses Entschlusses klar: »Die Füchse haben ihre Höhlen, die Vögel ihre Nester; der Menschensohn aber hat nichts, wohin er sein Haupt legen kann.« Der Menschensohn hat nichts, er ist ein Habenichts, und jeder, der bereit ist, ihm zu folgen, muß bereit sein, ein Habenichts zu sein. Jesus hat nichts, aber er ist etwas. Er ist der Sohn Gottes, er lebt aus der Beziehung zu seinem Vater in Liebe und Gehorsam, Hingabe und Verbundenheit. Christus nichts vorziehen, das heißt: Habenichts werden, loslassen und sich ganz auf die Weggemeinschaft mit Christus einlassen. Als Habenichtsen kann uns immer wieder angst und bange werden, weil wir uns an nichts festklammern, weil wir letztlich über nichts verfügen können. Wir suchen dann nach Ruheplätzen, wo wir unser Haupt hinlegen ... Und doch heißt es: aufbrechen, loslassen, woran wir uns festgehalten und was wir Christus vorgezogen haben.

Das provozierende Wort Jesu: »Laß die Toten ihre Toten begraben« will nichts anderes besagen als: Wir haben keine Zeit zu verlieren, jede Minute ist kostbar, geh und verkünde das Reich Gottes! Das Reich Gottes verkünden heißt nicht zuerst den Katechismus auslegen oder moralische Grundsätze einschärfen. Sondern eine Erfahrung mitteilen, die von mir selbst gelebte Umkehr, das Geschenk der Freude und der Geborgenheit, die bleibende Erwartung durch mein Leben in der Gemeinschaft sichtbar machen.

»Keiner, der die Hand an den Pflug gelegt hat und nochmals zurückblickt, taugt für das Reich Gottes.« Christus nichts vorziehen: im Pflügen den Blick auf ihn gerichtet halten, die Furchen ziehen im Blick auf Christus. Das heißt zuerst den eigenen Herzensacker pflügen, immer wieder das hart gewordene Herz umbrechen, damit der Sämann, Christus, den Samen seines Wortes in mich säen kann und ich Frucht bringe in Geduld. Dann aber auch mithelfen, den Acker der Zeit, den Acker der vielen suchenden Menschenherzen umbrechen helfen, damit Gottes Wort Frucht bringt in unserer Zeit.

Gelassensein in Verlassenheit

Am Fest des hl. Dominikus steht vor uns sein Orden, in dessen Geschichte sich eine innere Spannung zeigt. Da sind auf der einen Seite die Großinquisitoren (die es nicht nur bei den Dominikanern und in der Kirche, sondern auch andernorts reichlich gab und gibt), von denen die Wahrheit ohne Liebe, abgelöst von der Person, verfochten und verfolgt wird. Und da sind auf der anderen Seite die Mystiker. Meister Eckhart, Heinrich Seuse, Johannes Tauler, das große deutsche Dreigestirn, sie waren alle drei geistliche Söhne des hl. Dominikus.

Mystik bedeutet Weite. Sie ist nicht, wie jemand formuliert hat, »ein Schleichweg zum lieben Gott«. Mystik hat es in einem sehr umfassenden Sinne mit Ökumene zu tun, denn bei dem Einssein, das die Ökumene im Auge hat, geht es letztlich um das Ziel der Erfahrung von Einssein, und das ist Mystik. Diese Erfahrung bringt Paulus in der Lesung in wenigen starken Worten zum Ausdruck: »Ich habe mich entschlossen, bei euch nichts zu wissen außer Jesus Christus, und zwar als den Gekreuzigten.« Am Anfang steht unabdingbar, als Erkennungszeichen, daß der Weg der mystischen Erfahrung recht beschritten wird, der Gekreuzigte. Das ist genau im Sinne der deutschen Mystik. Wer etwa Heinrich Seuses »Büchlein der ewigen Weisheit« zu lesen anfängt, wird unter das Kreuz geführt. Die ersten Kapitel sind eine Einladung, sich mit dem Gekreuzigten einzulassen, die Liebe des Gekreuzigten zu erfahren und auch selber ins Leiden einzuwilligen bis hin zu dem erschütternden Wort Seuses: »Die tiefste Gelassenheit ist Gelassensein in Verlassenheit.«

Der weitere Weg führt dann – gemäß dem alten Stufenweg von Reinigung des anfangenden Menschen, Erleuchtung des fortschreitenden Menschen, Einigung des vollkommenen Menschen – zur Vereinigung. Von dieser »Weisheit unter den Vollkommenen« sagt Paulus: »Wir verkünden die verborgene Weisheit Gottes im Mysterium.« Das ist die »heimliche Weisheit Gottes«, wie Luther übersetzt: das Geheimnis unseres Einsseins in Gott durch Christus von Ewigkeit her. Nicht »Abrahams Schoß«, sondern »Gottes Schoß« selbst, in dem wir von Ewigkeit her geborgen sind und dessen bergende Erfahrung wir auf dem Rückweg in den Ursprung wieder machen können, wie es die deutschen Mystiker lehren. Mystik ist kein Weg des isolierten Individuums, sondern ein Weg des Miteinander in den gemeinsamen Ursprung, der durch Christus in der Kraft des Geistes offensteht, offen für die Heimkehr in eine letzte Herrlichkeit, die uns von Ewigkeit her bestimmt ist.

Ich werde einen Engel schicken

In jeder heiligen Messe werden wir eingeladen, »mit den Engeln Gott zu preisen«. In unserem materialistischen Zeitalter machen uns die unsichtbaren Engel immer neu bewußt, daß es nicht nur die sichtbare Welt gibt. Das Schutzengelfest erinnert daran, daß die unsichtbare Welt uns Menschen nahe ist: im Engel. Wir alle sind Schutzengeln anvertraut. Was das heißt, sagt das uralte Verheißungswort aus dem Buch Exodus: »Ich werde einen Engel schicken, der dir vorausgeht. Er soll dich auf dem Weg schützen und dich an den Ort bringen, den ich bestimmt habe.«

Wir Menschen sind Wanderer zwischen zwei Welten, unterwegs zum Ort unserer Bestimmung. Welches ist dieser Ort? Der Lobpreis! Lobpreis Gottes – und das heißt Verbundenheit mit den Engeln – ist nicht der ewigen Zukunft vorbehalten. Lobpreis Gottes soll schon in diesem Leben und in dieser Welt, wenn auch fragmentarisch, lebendige Erfahrung werden.

Auf dem Weg zum Ort unserer Bestimmung ist es entscheidend, nicht stehenzubleiben, nicht abzuweichen. Wir müssen uns ganz und gar der inneren Führung durch unseren Engel anvertrauen. Wie geschieht das, wie kann ich meinen Engel erleben? Antwort geben die eindringlichen Worte der Lesung: »Achte auf ihn und höre auf seine Stimme. Widersetze dich ihm nicht. Er würde es nicht ertragen, wenn ihr euch auflehnt, denn in ihm ist mein Name gegenwärtig.« Der Engel spricht! Freilich mit leiser Stimme. In unserer lauten Welt ist es sehr schwer, die Stimme unseres Engels zu vernehmen. Stille und Schweigen in Geduld, das ist das Grundgesetz des inneren Lebens, das Grundgesetz für jeden, der nach seinem Engel fragt.

Bei diesem geheimnisvollen Geschehen der inneren Führung durch den Engel enthüllt sich uns sein Wesen. Unter dem Einfluß des Engels als meines anderen Ichs vollzieht sich mein Personwerden, die Ausprägung meiner Individualität vor Gott, so wie ich ursprünglich von Gott gemeint bin. Dazu aber heißt es, sich einzulassen auf die Stimme des Engels Gottes. Finstere Mächte setzen alles daran, daß ich stehenbleibe, vom Weg abweiche. Aber mein Engel, in dem der Name Gottes, und das heißt Gott selber, geheimnisvoll gegenwärtig ist, wird mir in diesem Kampf beistehen und mich beschützen, wenn ich auf seine Stimme lausche, um den Willen Gottes zu erfahren und zu tun, auch dann, wenn er von mir Hartes und Schweres verlangt.

Die das Siegel tragen

Die Lesung aus der Offenbarung des Johannes gibt Antwort auf etwas, was heute zahllose Menschen und damit auch uns bewegt: die Angst vor der Katastrophe. Angst vor jener Macht, die, wie es heißt, »dem Land und dem Meer Schaden zufügen kann«; Angst vor einer, wie wir heute sagen, globalen Katastrophe, sei sie wirtschaftlich, politisch, atomar oder ökologisch. Und viele finstere Voraussagen – aus welcher Ecke auch immer! – schüren diese Angst.

Was sagt die Offenbarung des Johannes als Antwort und als Trost für uns heute? »Fügt dem Land, dem Meer und den Bäumen keinen Schaden zu, bis wir den Knechten unseres Gottes das Siegel auf die Stirn gedrückt haben.« Hier drängen sich zwei Fragen auf: Was bedeutet das Siegel? Und: Bin auch ich einer, der dieses Siegel trägt? »Siegel« bedeutet, daß der mit dem Siegel Bezeichnete, der Gesiegelte Eigentum ist, Eigentum Gottes, in Gottes Hand gegeben. Was auch immer kommen mag, allen, die als Gesiegelte in Gottes bergende und schützende Hand gegeben sind, kann im letzten nichts geschehen, gar nichts.

Und die zweite Frage: Trage auch ich dieses Siegel? Erinnern wir uns an die Stunde unserer Firmung, als der Bischof uns auf der Stirn mit Chrisam salbte, dabei unseren Namen nannte und sprach: »Sei besiegelt durch die Gabe Gottes, den Heiligen Geist!« Immer wird der Name genannt. Wer gefirmt wird, erfährt sich bei dieser Versiegelung als von Gott beim Namen gerufen, um sein Eigentum zu werden, um in seine Hand gegeben zu werden. Das ist die Gabe der Firmung. Und ihre Aufgabe? Sie steckt in dem Wort von den Knechten Gottes. Knecht Gottes, Magd Gottes sein heißt: sich in den Dienst Gottes stellen, mit ihm immer mehr vertraut werden, ja immer mehr Kind Gottes sein, um in diesem Kindsein die letzte Geborgenheit zu erfahren.

Was kommt nach der Katastrophe? Und das heißt auch: Was kommt nach der Katastrophe meines Sterben-Müssens? Täuschen wir uns nicht: Hinter der Angst vor der Weltkatastrophe steht immer auch die Angst vor unserem eigenen Sterben-Müssen. Der Seher spricht von einer großen Schar in weißen Gewändern. Wer sind sie, woher sind sie gekommen? »Es sind die, die aus der großen Bedrängnis kommen; sie haben ihre Gewänder gewaschen und im Blut des Lammes weiß gemacht.« Weiße Kleider: das ist das Sinnbild, ganz von Gott durchdrungen zu sein. Die Verheißung für unser Sterben-Müssen ist die Rettung »durch das Blut des Lammes«, das heißt, durch die erlösende und umwandelnde Lebensgemeinschaft mit dem Gekreuzigten und Auferstandenen. Durch ihn sind wir in Gottes Hand geborgen.

Väterlichkeit, Geborgenheit, Dienen

Im Evangelium am Fest des hl. Nikolaus steht der Satz:
»Alle Leute suchten ihn anzurühren, denn es ging
eine Kraft von ihm aus, die alle heilte.« Hier ist von unserem Herrn und Meister Jesus Christus die Rede. Aber in
abgewandelter Weise läßt sich dieser Satz auch von vielen Heiligen und besonders vom hl. Nikolaus aussagen.
Die unzähligen Nikolaus-Ikonen und Nikolaus-Kirchen
in Ost und West zeigen, wie durch die Jahrhunderte hindurch eine ununterbrochene Bitte um Fürbitte zu diesem Heiligen aufgestiegen ist, weil man erfahren hatte
und immer wieder erfahren wollte: Eine Kraft geht von
ihm aus, die alle heilt.

Wenn wir nach einem Namen für diese Kraft suchen,
um sie in ihrem innersten Wesen zu kennzeichnen, dann
gibt es dafür ein ganz schlichtes Wort: Väterlichkeit. Nikolaus ist der väterliche Mensch schlechthin (wir könnten
auch ebensogut der mütterliche Mensch sagen): Er sorgt
sich um das Leben, er erhält das Leben, er fördert das
Leben – ohne dieses Leben, das da wird, wächst und
gedeiht, für sich im Sinne eines falschen Patriarchalismus
beanspruchen und festhalten zu wollen.

Das, was der hl. Nikolaus uns vermittelt, ist das Schönste, was wir in diesem Erdendasein erfahren können. Es ist, wiederum mit einem ganz einfachen Wort gesagt: Geborgenheit. Sich geborgen wissen unter seinem väterlichen Schutz; Geborgenheit erfahren dürfen bei den väterlichen, mütterlichen Kräften, die von der heiligen Feier am Nikolausfest ausgehen (zumal hier in unserer schönen Nikolauskirche): Kräfte, die heilen. Wahre Väterlichkeit, die loslassen kann, und wahre Mütterlichkeit, die loslassen kann, trägt heilende Kräfte in sich.

Was wir in der Heiligenikone des väterlich-mütterlichen Menschen erschaut haben, ist etwas, was uns selbst als Möglichkeit, Auftrag und Berufung aufgegeben ist. Väterlich-mütterliche Menschen zu werden ist die eigentliche Reifung und Vollendung des Menschseins hier auf Erden. Geben, ohne für sich zu zählen und zu rechnen; da sein, Geborgenheit gewähren, damit Leben werden, sich entfalten und auch beschützt werden kann vor allem Lebensfeindlichen. Wir sind berufen, als väterlich-mütterliche Menschen ja zum Leben zu sagen, Heilkräfte auszusenden und dem Leben zu dienen.

Liturgie des Herzens

Im römischen Ritus wird heute der schlichte »Gedenktag Unserer lieben Frau in Jerusalem« begangen (ursprünglich Einweihung einer Marienkirche in Jerusalem, seit dem späten Mittelalter bis zur Liturgiereform »Mariä Opferung«). Im byzantinischen Ritus ist es ein Fest voller Glanz: Einzug der Gottesmutter in den Tempel. Wie kommt die Ostkirche dazu, die Darstellung und Darbringung Marias durch ihre Eltern im Tempel so festlich zu feiern, ein Geschehen, von dem die Evangelien nichts wissen, erst spätere apokryphe Schriften, und das, rein historisch betrachtet, ganz unwahrscheinlich ist? Warum hat einer der größten Mystiker des Ostens, der hl. Gregor Palamas, seine wichtigsten Aussagen über die »hesychia«, über das Stillwerden in Gott als Weg zur höchsten Erfahrung Gottes, in einer Predigt anläßlich dieses Festes formuliert?

Maria geht in den Tempel, um sich zu bereiten, selbst Tempel zu werden. Dem sie im Tempel begegnet, der wird in ihrem eigenen Inneren sein, an dem geheimnisvollen Ort Gottes, der sich in jedem Menschen – wenn auch verschlossen und verschüttet oder vergessen – findet. Bis in ihre Leibhaftigkeit hinein wird sie des »Christus in uns« inne werden und ihn erfahren. Die Liturgie, die sie beim Einzug in den Tempel erlebt, wird für sie zur Liturgie des Herzens, des immerwährenden Herzensgebets. So wird sie befähigt, sich in der gesammelten Kraft ihres Herzens ganz Gott hinzugeben.

Es ist nicht nur ein Fest der Gottesmutter, es ist ein Fest für uns alle. Wir gehen in den Tempel, um gleichsam den jungfräulichen, nur für Gott bestimmten Raum in uns neu zu finden. Wir gehen in den Tempel, um zu lernen, leer zu werden von uns selbst, um dem raumlosen, unendlichen Gott in uns Raum zu geben. Wir gehen in den Tempel und feiern Tag um Tag, Stunde um Stunde, Augenblick um Augenblick, die immerwährende Liturgie des Herzensgebets. Freilich nicht nur, um zu feiern, sondern um mit dem Licht, das da im Herzen bei der Feier dieser verborgenen Liturgie aufleuchtet, hineinzugehen in die Liturgie des Alltags, damit in der grauen, oft sehr grauen Eintönigkeit des Alltags ein geheimnisvolles Licht erstrahle und sich über alles ausgieße, was wir tun. Dann werden wir auch fähig werden, in der Kraft des Herzensgebets zueinander ja zu sagen und einander annehmen. Dann werden wir auch im anderen, der mit uns geht, dieses geheimnisvolle Licht entdecken und ihn lieben, auf daß auch in ihm die Sehnsucht aufbricht, diese »Liturgie des Herzens«, diese Erfahrung Gottes im eigenen Inneren, zu leben und weiterzuschenken.

E   Besondere Anlässe

Ein Leib und ein Geist werden in Christus

Die Frage nach der Einheit aller Christen führt uns zum Geheimnis der Eucharistie. Was ist innerste Mitte der Feier dieses heiligen Geheimnisses? Es sind die Worte, die Jesus beim Letzten Abendmahl gesprochen hat und die nach seinem Auftrag bei jeder Eucharistiefeier neu gesprochen werden. Danach folgt die sogenannte Anamnese, ein Gebet, das uns tiefer in das Geheimnis dessen führen soll, was da geschieht: »Darum, gütiger Vater, feiern wir das Gedächtnis des Todes und der Auferstehung deines Sohnes und bringen dir so das Brot des Lebens und den Kelch des Heiles dar. Wir danken dir, daß du uns berufen hast, vor dir zu stehen und dir zu dienen. Wir bitten dich: Schenke uns Anteil an Christi Leib und Blut und laß uns eins werden durch den Heiligen Geist.«

Die Feier der Eucharistie ist zuallererst Dank für die geheimnisvolle Gegenwart von Tod und Auferstehung Jesu Christi. Dann bitten wir, daß wir nicht nur äußerlich den eucharistischen Leib Christi empfangen, sondern an Jesus Christus selbst Anteil erhalten und zugleich tiefer hineinwachsen in den geheimnisvollen

192

Leib Christi. Der eucharistische Leib, die heilige Kommunion, steht in innigster Beziehung zu dem mystischen Leib, der beseelt wird durch den Heiligen Geist. Darum läßt uns letztlich der Heilige Geist, der uns auch in der Kommunion neu geschenkt wird, tiefer hineinwachsen in die Einheit mit Christus.

Grundlage dieser Einheit ist das Opfer Christi, das uns mit Gott versöhnt. Alles Einswerden und Einssein mit Christus und untereinander ist gebunden an liebende Hingabe. So soll im Heiligen Geist durch liebende Zuwendung – wenn wir das Geheimnis des mystischen Leibes aufgrund der Feier der Eucharistie tiefer und tiefer leben – die sichtbare Einheit zwischen den Glaubenden und Getauften, auch zwischen den verschiedenen Kirchen und Konfessionen wachsen.

Wenn wir die Kommunion empfangen, werden wir noch einmal an dieses Geheimnis erinnert, denn unser Amen auf die Worte: »Der Leib Christi«, ist nicht nur unser Ja zur eucharistischen Gegenwart, sondern auch das Ja, daß wir das Geheimnis des mystischen Leibes leben wollen. Darum kann der hl. Augustinus im Blick auf dieses Wechselverhältnis zwischen eucharistischem und mystischem Leib Christi unübertrefflich prägnant sagen: »Empfange, was du bist: Leib Christi! Und sei, was du empfängst: Leib Christi!«

Die verborgene Einheit des Leibes Christi sichtbar machen

In der Weltgebetsoktav um die Einheit der Christen gibt es kaum eine passendere Lesung als die Worte des hl. Paulus: »Ihr seid der Leib Christi, und jeder einzelne ist ein Glied an ihm.« »Leib Christi« kann eine vierfache Bedeutung annehmen. Es ist der *irdische Leib Jesu Christi,* den er aus Maria der Jungfrau angenommen hat. Dieser wird durch den Heiligen Geist verwandelt in den *Auferstehungsleib Christi.* Der wird gegenwärtig, wiederum kraft des Heiligen Geistes, in den Gestalten von Brot und Wein als der *eucharistische Leib Christi.* Durch den Empfang dieses Leibes werden wir immer neu eingegliedert in den *mystischen Leib Christi.* Die erste und grundlegende Eingliederung geschah in der Taufe, wie Paulus sagt: »Durch den einen Geist wurden wir in der Taufe alle in einen einzigen Leib aufgenommen.«

Diese Worte gelten für alle an Christus Glaubenden und Getauften. Das Zweite Vatikanische Konzil sagt ausdrücklich auch von den nichtkatholischen Christen: »Sie sind durch den Glauben in der Taufe gerechtfertigt und Christus eingegliedert. Darum gebührt ihnen der Ehrenname des Christen.« Von ungeheurer Tragweite für die

194

Frage nach der Einheit und Wiedervereinigung der getrennten Christen sind auch die folgenden Sätze des Konzils: »Man darf nicht übersehen, daß alles, was von der Gnade des Heiligen Geistes in den Herzen der getrennten Brüder gewirkt wird, auch zu unserer eigenen Auferbauung beitragen kann. Denn was wahrhaft christlich ist, steht niemals im Gegensatz zu den echten Gütern des Glaubens, sondern kann immer dazu helfen, daß das Geheimis Christi und der Kirche vollkommener erfaßt werde.«

Als an Christus Glaubende und Getaufte sind wir alle schon im Tiefsten eins: eins im Herrn, in seinem geheimnisvollen, mystischen Leib. Und: wir können gegenseitig zur Auferbauung beitragen; wir können voneinander lernen und versuchen, die verborgene Einheit sichtbar zu machen, sichtbar auch in gemeinsamen Überzeugungen, in gemeinsamem Beten und Handeln. So wird das Geheimnis Christi und der Kirche allseits vollkommener erfaßt. Beides ist nicht zu trennen. Das Geheimnis der Kirche ist das Einssein in seinem Leibe. Dies gilt es sichtbar zu machen, nicht so sehr durch Worte und Diskussionen, sondern durch Leben, durch ein Leben in Liebe.

Ich preise dich, Vater

Die Liebe Jesu, die uns vereint, und die Worte des Evangeliums sind wie ein Vermächtnis seines Herzens für unseren gemeinsamen Weg. »Ich preise dich, Vater, daß du all das den Unmündigen geoffenbart hast.« Das ist zugleich die große Frage, die uns begleiten muß: Gehören wir zu den Kleinen, denen »all das« geoffenbart ist? Was ist mit dem seltsam beziehungslos dastehenden »all das« gemeint? Ich meine, dieses geheimnisvolle »all das« oder »dies« ist genau das, was Jesus von sich sagt: »Niemand kennt den Sohn, nur der Vater; niemand kennt den Vater, nur der Sohn und der, dem es der Sohn offenbaren will.« Es ist das Geheimnis des Einssein im Leben des dreieinigen Gottes. Gehören wir nun zu den Kleinen, denen dieses Geheimnis des Einssein als lebendige Wirklichkeit geoffenbart ist? Oder zu den Weisen und Klugen, denen es verborgen bleibt? »Weise und Kluge« gibt es ja auch im »ökumenischen Betrieb«, wo es mehr darum geht, um Positionen zu feilschen; wo die Position des »Weisen und Klugen« genau darin liegt, objektivierend und sich distanzierend abzugrenzen, um schließlich nichts zu haben als tote Doktrin, die kein Leben ist.

Sind wir es, zu denen Jesus sagt: »Kommt alle zu mir, die ihr euch plagt und schwere Lasten zu tragen habt«? Die Lasten, von denen Jesus sprach, waren zunächst die Lasten der jüdischen Tradition, die zur Rechtfertigung des Menschen, zur Selbstrechtfertigung im Erfüllen und Leisten dienen sollten. Aber birgt nicht jede Tradition, jede Kirche und Gemeinschaft die Gefahr, zu einer nicht lebbaren Last zu werden? Wieviele Menschen leiden an der kirchlichen Gemeinschaft, in der sie stehen! Nicht nur Katholiken, bei denen es fast schon zum »Image« gehört, über die Kirche zu stöhnen. Jeder trägt seine Last, und das ist das nicht gelebte, das erstarrte Eigentliche des Glaubens. Da ruft uns Jesus zu: »Nehmt mein Joch auf euch und lernt von mir; denn ich bin gütig und von Herzen demütig.« Das Joch, das Jesus uns anbietet, ist die Lebensgemeinschaft mit ihm, das Joch der Liebe, das Joch der Partnerschaft in der Herzensverbindung zwischen ihm und uns. Nur im Du-Sagen zu unserem Herrn, nur in der gelebten Gemeinschaft mit ihm kann dann auch die Last der Kirche, der kirchlichen Gemeinschaft, in der wir stehen, getragen werden. Die Begegnung mit Christus, die Ruhe, die er uns schenkt im inneren Frieden als die Erfüllung der Heilserfahrung, geschieht immer zugleich und nur mit der Last der Tradition. Sie gilt es wieder lebendig zu machen, in Leben aufzuheben durch das Ja, das wir in der Liebe Jesu, in der lebendigen Gemeinschaft mit Jesus zu ihr sagen.

Wenn Christus zur Hochzeit eingeladen wird

S ie können es einfach nicht lassen«, könnte manch einer denken; »obwohl sie wissen, wie viele Ehen über kurz oder lang geschieden werden, heiraten sie doch.« Warum könnt Ihr es einfach nicht lassen? Weil es Euch nicht läßt: dieses tiefe Vertrauen, daß die Liebe etwas Bleibendes ist, etwas Unzerstörbares, Ewiges. So begrenzt und schwach wir Menschen sind, so suchen wir trotz allem die Ewigkeitsmacht und den Ewigkeitsdrang der Liebe zu verwirklichen, das heißt, in Treue zu leben. Dieses kleine Wort Treue enthält das Geheimnis. Treue ist nicht spießiges Bravsein, nicht drohendes Gesetz (»Wehe, wenn du ...!«), sondern zuerst und zuletzt Geschenk an die Glaubenden, die Gottes Treue, seine unwiderrufliche Liebe, zu uns erfahren haben. Die Treue-Erfahrung zweier Liebender als Braut und Bräutigam wird zum geheimnisvollen Zeichen für die liebende Zuwendung Gottes, des »treuen Bräutigams« seiner Gläubigen.

Hochzeit zu Kana, Hochzeit heute: Christus wird eingeladen. So ist er, der alle Menschen unendlich liebt, in jeder christlichen Ehe der geheimnisvolle Dritte, der die

Liebe immer neu ermöglicht und immer inniger werden läßt. Die Mutter Jesu zeigt uns, was das heißt: »Christus zur Hochzeit und zur Ehe einladen«. Sie zeigt uns den Weg, wie die Liebe, die vom Herzen ihres Sohnes ausströmt in die Herzen von Braut und Bräutigam, immer tiefer erfahren werden kann. Das erste ist Aufmerksamkeit. Sie merkt, daß der Wein weniger wird. Wein ist Sinnbild der Erfüllung, der Freude, der Liebe. Und sie bittet Jesus in verhüllter Weise um ein Wunder. Aufmerksamkeit füreinander, die immer wieder zum Gebet wird, ist der Weg in das Geheimnis der unvergänglichen Liebe und Treue. Das zweite ist das Wartenkönnen. Jesus läßt Maria warten, und sie faßt sich in Geduld. Alle, die sich um Liebe mühen, fordert sie auf: »Was immer er euch sagt, das tut!« Auf diesem Weg finden wir zum Urquell aller Liebe. Dann wirkt Jesus das Wunder der Wandlung. Wir sagen so schnell: Der oder die ist nun mal so, da kann man nichts machen. Doch lieben heißt hoffen und sich bereit machen, daß sich mir im anderen, im Du, immer wieder Neues, Tiefes, Schönes, Unendliches erschließt, das letztlich nicht von diesem menschlichen Du, sondern von Gott kommt. Dann wird das »Wasser des Alltags« immer wieder neu in den Wein des Glücks, der erfüllten Liebe und Freude verwandelt.

Mit Jesus bauen – auf Jesus bauen

Miteinander die Ehe eingehen ist so etwas wie ein Haus bauen. Es geht nicht um das äußere Dach über dem Kopf, die Einrichtung der gemeinsamen Wohnung. Das auch, aber viel mehr um das innere Haus Eurer Ehe, um das Haus Eurer Liebe, wo man sich geborgen fühlt, wo man Freud und Leid des Lebens miteinander teilt, wo man miteinander betet und einander liebt.

In der Bibel ist oft vom Haus die Rede. Am Ende der Bergpredigt steht das Gleichnis Jesu vom Hausbau. Beim Sturm zeigt sich, wer sein Haus auf Fels und wer sein Haus auf Sand gebaut hat. Auch wenn die äußeren Häuser in unseren Breiten nicht so leicht zusammenbrechen, wir alle wissen, wie schnell das innere Haus der Ehe einstürzen kann, wenn der Sturm der inneren Aggressionen, die in jedem von uns schlummern, losbricht; wenn harte Schicksalsschläge oder neue Leidenschaft oder auch nur der graue Alltag am Haus der Ehe rüttelt. Wieviele Ehen sind auf Sand gebaut! Auf flüchtige Gefühle erotischer Anziehung, auf äußerliches Streben nach Geld, Wohlstand und Ansehen; auf oberflächliche Vorstellungen von Glück. Aber worauf wird nun das Haus der Ehe gebaut, so daß es nicht zusammenbricht?

Jesus sagt: »Wer diese meine Worte hört und danach handelt, ist wie ein kluger Mann, der sein Haus auf Felsen baut.« In den Worten Jesu findet sich alles, was den Bestand einer Ehe garantieren kann, wenn man versucht, diese Worte zu leben. Wer sich nach den Worten Jesu richtet, der baut mit Jesus das Haus der Geborgenheit, des bleibenden Glücks, das Haus ehelichen Friedens und ehelicher Erfüllung.

Mit Jesus bauen, das heißt zugleich auf Jesus bauen. Denn was er uns sagt, das können wir nicht aus eigener Kraft erfüllen, sondern nur in der Kraft des Heiligen Geistes, den er uns gibt. Mit Jesus bauen – auf Jesus bauen! Das geschieht, wenn wir immer wieder seine Worte lesen, wenn wir uns im Gebet an ihn wenden und mit ihm zusammen in der Kraft des Heiligen Geistes vor Gott treten. Das geschieht vor allem in der Feier der Eucharistie, wenn wir Leib und Blut Christi empfangen und seine göttliche Kraft uns durchströmt. Das ist die beste »Baugarantie« für das Haus Eurer Ehe auch in unserer Zeit.

Möge es immer neu, immer tiefer, immer inniger von der geheimnisvollen Atmosphäre der Liebe und Güte, des Verstehens und Vertrauens erfüllt sein, daß man einfach sagen kann: Hier ist es gut sein!

Sorgt euch nicht

Die Ehe ist kein sicherer Hafen des Glücks, wie wir
heute nur zu gut wissen. Die vollkommene Ehe gibt
es nicht; »alles ist Stückwerk«, haben wir von Paulus
gehört. So treten hier zwei Menschen bewußt vor den
Altar Gottes, um eine christliche Ehe einzugehen, trotz
aller Gedanken um dies und das, was alles schiefgehen
könnte. Ihnen sagt der Herr im Evangelium: »Ängstigt
euch nicht! Euer Vater weiß, was ihr braucht. Euch
jedoch muß es um sein Reich gehen, dann wird euch das
andere dazugegeben.«

»Sorgt euch nicht, habt keine Angst!« Diese Zusage
ist gebunden an die Worte: Euch muß es um das Reich
des Vaters gehen. Das heißt: Gebt euch Gott und seiner
Macht ganz anheim. Seine Macht ist nicht die eines
Super-Weltenherrschers, der raffiniert seine Fäden zieht
und seine Machtmittel einsetzt. Nein, das Reich Gottes
hat einen völlig anderen Namen. Seine Herrschaft ist
nichts anderes als seine Liebe. Liebe ist das Letzte und
Tiefste in Gott, Liebe ist Gott selbst. Nur von dieser letzten Verwurzelung der Liebe – auch der menschlichen
Liebe – in Gott werden die berühmten Worte des Apo-

stels (1 Kor 13) verständlich: Ohne die Liebe sind wir nichts.

Diese Liebe ist nicht meßbar und im letzten nicht beweisbar. Wo Liebende anfangen, nach Liebesbeweisen zu fragen oder sie gar zu fordern, da steht die Liebe kurz vor dem Bankrott. Das pulsierende Leben zwischen Ich und Du, zwischen zwei Personen, läßt sich so wenig in Begriffe einfangen wie das pulsierende Leben zwischen Vater, Sohn und Heiligem Geist. Dennoch läßt sich die Liebe beschreiben: sie ist langmütig, gütig, sucht nicht den eigenen Vorteil.

Machen Sie hieraus ein Gebet an Christus; statt Liebe sagen Sie: »Christus! Du bist langmütig! Du bist gütig! Du trägst das Böse nicht nach!« Dann merken Sie, wie die Quelle der Liebe Christus selbst ist. Die Liebe von Mann und Frau wird nur da recht verstanden, wo sie als etwas begriffen wird, was über sich hinausweist in eine umfassendere Liebe. Vor der Kommunion heißt es: »Selig, die zum Hochzeitsmahl des Lammes berufen sind!« Die »Hochzeit des Lammes« ist das, worauf die Ehe hinweist. Aber auch umgekehrt: Wenn die Ehe im Glauben an Christus und in der Liebe Christi gelebt wird, dann wird etwas von der Hochzeit des Lammes, das heißt, von dem vollkommenen Glück der Vollendung in Christus schon jetzt, in diesem irdischen Leben, erfahren.

Was Gott verbunden hat

Da steht nun wieder dieses strenge Wort: »Was aber Gott verbunden hat, das darf der Mensch nicht trennen.« Es erscheint uns so streng, weil wir viel zu sehr den zweiten Teil hören – »das darf der Mensch nicht trennen« – und allzu leicht den ersten Teil überhören: »Was Gott verbunden hat«. Das bedeutet ja nicht nur, daß man da in die Kirche geht und der Priester seinen Segen dazugibt. Sondern dieses »was Gott verbunden hat« hat seine Geschichte: die Geschichte einer Begegnung, die Geschichte, wie man sich näher kennenlernte, einander verstehen und vertrauen lernte. Bis es tief innen immer deutlicher wurde: »Das war kein Zufall, daß wir uns gefunden haben.«

In dieser Geschichte wird dann einmal der Augenblick gekommen sein – nicht erst in der Stunde der Trauung, sondern schon lange vorher –, da man miteinander bewußt vor Gott hintrat, in welcher Form auch immer, und fragte: »Herr, ist es dein Wille, daß wir ja zueinander sagen? Hast du es von Ewigkeit her geplant, daß wir zueinander gehören?« Wenn aus solchem Fragen die Überzeugung reift, daß Gott zwei Menschen füreinander bestimmt hat, daß sie nicht in erster Linie ihre persönlichen Wünsche zu befriedigen suchen, sondern dem Liebesplan Gottes mit uns Menschen im Ja zueinander entsprechen wollen, dann steht eine solche Ehe in einer völlig anderen Perspektive. Dann stellt man sich nicht die Frage: »Wenn ich die da, wenn ich den da heirate, was habe ich davon? Was bringt mir das?« Sich von Gott verbunden wissen, sich gegenseitig als Geschenk aus der geheimnisvollen Führung Gottes annehmen, das erst bringt den rechten Blick für den gemeinsamen Weg.

Wenn es im Evangelium heißt: »Die zwei werden ein Fleisch sein. Sie sind also nicht mehr zwei, sondern eins«, dann geht es nicht in erster Linie um Geschlechtsgemeinschaft, sondern um Lebensgemeinschaft in wachsender Liebe. Paulus sagt: »Vor allem liebt einander! Denn die Liebe ist das Band, das alles zusammenhält.« Alle Christen sind miteinander verbunden in Christus. Aber wenn zwei Menschen miteinander die Ehe schließen, bekommt diese Verbindung in Christus durch den Heiligen Geist eine ganz besondere Innigkeit und Tiefe. Es ist nicht selbstverständlich, wenn zwei Menschen in Liebe zueinander finden. Und noch weniger ist es selbstverständlich, daß zwei Menschen in Liebe beieinander bleiben. Es ist Geschenk Gottes, um das man sich mühen muß, für das man aber vor allem voller Freude dankbar sein muß, dankbar für Gottes wunderbare Fügungen und Führungen.

Auf dem Weg

Das Evangelium vom Gang nach Emmaus – so etwas wie Euer Hochzeitsbild. Es zeigt die geistliche Landkarte des Lebens, mit deren Hilfe Ihr Euch auf dem gemeinsamen Weg immer wieder orientieren könnt. Da gehen zwei Menschen nach Emmaus. Warum? Wir wissen es nicht; vielleicht wissen die beiden selber nicht, warum sie gehen, warum gerade sie beide zusammen gehen. Sie gehen in einen Abend hinein. Alles menschliche Leben ist Weg in den Abend, auch der Weg der Liebenden. Darüber sprechen die beiden, über die Vergeblichkeit ihrer Hoffnung: »Wir aber hatten gehofft...« Ihr Gespräch erschöpft sich nicht in »small talk«, sondern es geht um das Wesentliche: um den Sinn, um die Hoffnung ihres Lebens. Wieviele Ehen müssen oft nach Jahren erkennen, daß sich ihr Miteinander in einem fortgesetzten »small talk« erschöpft hat! Nein, die beiden sprechen vom Tiefsten, was sie bewegt, und sie teilen dabei auch ihre Traurigkeit. Vielleicht besteht das tiefste Glück der Ehe darin, miteinander den Daseinsschmerz teilen zu können – in seine ganze Tiefe hinein, bis dorthin, wo mitten im Schmerz, im geteilten Schmerz, die

Liebenden ansprechbar werden für den geheimnisvollen Dritten.

Was tut dieser geheimnisvolle Dritte im Evangelium? Er lehrt die beiden zu lesen: in der Bibel und in ihrer eigenen Geschichte. Am Buch der Bücher zeigt er den Sinn des Todes des Messias auf, verbunden mit dem Blick auf das tiefste Geheimnis, das Menschen erdenken und ersehnen können, auf die Auferstehung, auf die Wandlung der Trauer in Freude, des Todes in Leben. Jesus zeigt nicht sich selbst, er lüftet nicht das Geheimnis, aber er gibt ein Zeichen: Brot und Wein. In dem Augenblick, wo sie ihn greifen wollen, wo sie meinen, ihn zu haben, entzieht er sich. Es bleibt das Zeichen und die Hoffnung. Die Liebenden lernen lesen, daß das Ja zueinander und zu Gott möglich wird und immer möglich bleibt im vorgegebenen Ja der Liebe Gottes zu uns. Vollendung der göttlichen Lesekunst ist für die Liebenden immer neu die Feier der Eucharistie. Vom Geheimnis des eucharistischen Leibes her werden alle Geheimnisse der menschlichen Leibhaftigkeit vom Lieben-Dürfen bis zum Sterben-Müssen erhellt. So wird das Herz brennend, und Umkehr wird möglich: »Sie kehrten von Emmaus nach Jerusalem zurück.« Das ist der Weg aus dem Abend in den Morgen, durch die Nacht dem neuen Morgen entgegen, dem Morgen der Auferstehung. So wird das Leben der Liebenden zur gelebten Botschaft von der Auferstehung, inmitten so vieler Trauernder auf dieser blut- und tränengetränkten Erde zur Botschaft österlicher Freude.

Weltenhochzeit

Alle Augen sind auf das Brautpaar gerichtet. Alle meinen, es gehe heute letztlich um Sie beide. Das Evangelium von der Hochzeit zu Kana wird immer wieder so gedeutet: Christus habe damals durch seine Gegenwart diese und alle vor Gott geschlossenen Ehen gesegnet und geheiligt. Aber letztlich geht es nicht um Sie beide, nicht um Ihre, sondern um eine andere Hochzeit, deren Vollendung und strahlende Schönheit wir als österliches Licht erkennen. Österliches Licht breitet sich über Ihre Hochzeit und soll von diesem Tage an über Ihre ganze Ehe ausstrahlen. Dieses Licht zeigt, was die Ehe, was das Miteinandergehen des Lebensweges eigentlich bedeutet.

Es gibt einen ergreifenden Text im byzantinischen Karfreitagsgottesdienst, der das deutlich macht. Dort singt Maria: »Wohin gehst du, mein Kind? Um wessentwillen enteilst du so geschwind? Es ist doch nicht wieder eine Hochzeit in Kana, und du beeilst dich dort jetzt, ihnen das Wasser in Wein zu wandeln? Soll ich mit dir gehen, o Kind? Willst du lieber, daß ich bleibe?« Es geht um die eine Weltenhochzeit: die Hochzeit des Lammes.

Sie bewirkt letzte Einheit und Erfüllung aller Menschen durch seine Hingabe in den Tod, durch seine Auferstehung, durch das pfingstliche Verströmen seiner Liebeskraft in die Menschheit. Die Hochzeit des Lammes verwandelt das Wasser der alltäglichen Mühsal irdischen Lebens in den Wein der Freude des Paradieses, dessen Tore jetzt wieder offenstehen.

Die Ehe von Christen bezeugt, daß Weltenhochzeit ist. Ehen werden im Himmel geschlossen, so sagt man. Die Ehe von Christen bezeugt, daß es Himmel auf Erden gibt, nicht nur als Zeugnis, sondern als erfahrene und gelebte Wirklichkeit – wenn, ja wenn die Eheleute gleich dem göttlichen Bräutigam das Sterben des Karfreitags auf sich nehmen und durch ihn das kleine, in sich verfangene Ich immer wieder verwandeln lassen in das größere Ich, das auf den anderen zulebt und vom anderen herlebt. Wird das möglich sein?, werden Sie einander fragen. Schauen Sie auf Maria im Evangelium. Sie gibt Ihnen die Gewißheit, daß der Sohn, wenn seine Stunde gekommen ist, immer wieder das Wunder der Wandlung an zwei Menschenherzen wirken kann. Und hören Sie auf ihr Wort: »Alles, was er euch sagt, das tut!« Wenn Sie im Vertrauen auf die Macht des göttlichen Wortes das Evangelium leben, dann wird des Wunders kein Ende sein. Dann werden Sie sich immer neu öffnen für die Verwandlung Ihrer selbst, dann wird sich in der Hochzeit des Lammes das Paradies öffnen zur Herrlichkeit der Vollendung.

Bleibt in meiner Liebe

Menschen haben eine seltsame Sehnsucht nach dem spektakulären Wunder. Nach dem Aufsehen Erregenden hält man Ausschau, auf das Sensationelle stürzen sich die Medien. Die wirklichen Wunder aber sind nicht spektakulär, sie vollziehen sich unscheinbar, verborgen, in der Stille. So ist es mit dem Wunder Ihres gemeinsamen Lebens, denn es ist ein Wunder, wenn die Worte des Evangeliums so in Erfüllung gehen dürfen wie in Ihrem Leben: »Bleibt in meiner Liebe.« Das Ja der ehelichen Liebe und Treue, das Sie vor fünfundzwanzig Jahren einander vor Gott und den Menschen schenkten, hat sich in langen Jahren bewährt und vertieft, und so sind die Worte Jesu in Ihrem Leben wirksam geworden: »Bleibt in meiner Liebe. Wenn ihr meine Gebote haltet, werdet ihr in meiner Liebe bleiben.«

Mit »Liebe«, wie man sie so gemeinhin versteht, als Glück, Gefühl und Seligkeit, ist es ja nicht getan. Die Liebe ist ein Weg, der bestimmt ist von den Geboten, den Weisungen unseres Herrn Jesus Christus. Er sagt: »Niemand hat größere Liebe, als wer sein Leben hingibt für seine Freunde.« An der Hingabe des eigenen Lebens für den anderen, für das geliebte Du entscheidet es sich, ob wir in der Liebe Jesu bleiben, Weizenkorn werden, das in die Erde fällt und stirbt, um viele Frucht zu bringen. Frucht: das ist die verstehende, die verzeihende, die alles ertragende, aber auch die sich aneinander und miteinander freuende Liebe: »Dies habe ich euch gesagt, damit meine Freude in euch sei, damit eure Freude vollkommen werde.«

Wie wird das Wunder einer solchen Liebe möglich? Dieser Tage wurde ich an eine alte Geschichte (Goethes »Novelle«) erinnert. Da sind infolge einer Feuersbrunst Tiger und Löwe ausgebrochen. Der Tiger kann erlegt werden. Nun bittet man um das Leben des Löwen. Ein Kind geht mit einer Flöte vor dem Löwen her, und das Wunder geschieht: er wird ganz zahm. Der Knabe fängt an zu singen, in seinem Lied heißt es, und das sei Ihnen für die kommenden Jahre mitgegeben: »Denn der Ew'ge herrscht auf Erden, / Über Meere herrscht sein Blick; / Löwen sollen Lämmer werden, / und die Welle schwankt zurück; / Blankes Schwert erstarrt im Hiebe; / Glaub' und Hoffnung sind erfüllt; / Wundertätig ist die Liebe, / die sich im Gebet enthüllt.« Die Liebe, die immer wieder Gestalt annimmt im Gebet füreinander und miteinander, in welcher Form auch immer, sie bewirkt, daß man miteinander in der Liebe Jesu und damit auch beieinander bleiben will in immer tieferer Verbundenheit: »Wundertätig ist die Liebe, die sich im Gebet enthüllt.«

Dankbar in allen Dingen

Paßt zu einer Goldenen Hochzeit das Evangelium von der Hochzeit zu Kana? Wenn dieses Evangelium über einem Hochzeitstag als Verheißung steht, daß »der Wein nicht ausgehen wird«, so ist es am Goldenen Hochzeitstag die Bestätigung: Das Wunder ist geschehen, der Wein ist nicht ausgegangen, ja, der gute Wein wurde bis zum Ende aufbewahrt. Denn das ist der Sinn dieses Evangeliums: daß die Erfüllung und das Glück und die Freude – alles, was eine Ehe zu einer wahren Gemeinschaft macht – durch die Gnade des Herrn mehr und mehr in einem ehelichen Leben Wirklichkeit und lebendige Erfahrung wird.

In unserer Zeit treten viele in die Ehe in der Meinung, jetzt sei das vollkommene Glück da, das sei der gute, der beste Wein. Und dann geht auf einmal der Wein aus, und wie wenige sind es dann, die den Herrn bitten; die zu beten und zu warten verstehen; die Geduld haben und bereit sind, sich wandeln zu lassen durch die Gnade des Herrn; die einwilligen in die schmerzliche Verwandlung eines gemeinsamen Lebens, in das Sich-selbst-Sterben, um für den anderen und die anderen zu leben und eben darin die Fülle des Lebens zu erfahren?

Fünfzig Jahre erfüllten ehelichen Lebens durch alle Bedrängnisse und Schwierigkeiten hindurch, Nöte, Ängste und Sorgen von außen und von innen! Was hat die Kraft gegeben durchzuhalten? Welches ist der Weg in diese Fülle hinein, die Christus den Liebenden schenken will? Über Ihrer Ehe standen die Worte bei der Trauung: »Seid allezeit fröhlich. Betet ohne Unterlaß. Seid dankbar in allen Dingen, denn das ist der Wille Gottes in Christus Jesus an euch.« Allezeit fröhlich sein, das ist nur dem möglich, der weiß, daß man sich nicht selbst gegenseitig ausgesucht hat, sondern daß Gottes Wille über diesem Zueinanderfinden und Zueinander-Jasagen stand und steht. Gott gibt die Liebenden füreinander zum Geschenk. Wenn dann das Gebet da ist, daß Gott dieses Geschenk erhalten möge, wenn man weiß, daß alles im Gebet Gott anvertraut werden kann und daß alles Wesentliche im Leben von ihm erbeten werden kann, dann ist der gemeinsame Weg im letzten sicher. Dann ist er getragen von Dankbarkeit in allen Dingen, für alle glücklichen Stunden und Dankbarkeit auch für alle schweren Stunden, die uns durch das Feuer der Läuterung letztlich ganz fest zusammenschmieden. Vielleicht liegt das Schönste und Tiefste, wofür man danken kann, darin, daß Gott zwei Liebende dazu bestimmt, füreinander Heimat zu sein. Wir dürfen einander Heimat sein, weil wir miteinander Heimat haben in Gott.

Bleibende Verbindung

Der Gatte, der Vater, der Verwandte, der Nachbar, der Arbeitskamerad, das Mitglied der Pfarrgemeinde hat Abschied genommen und ist durch jene geheimnisvolle Pforte hindurchgeschritten, die wir Tod nennen. Sind alle diese Beziehungen nun zuende? Was ist der Sinn eines solchen Hinübergangs? Besteht noch wirklich Verbindung zwischen Hüben und Drüben? Die Antwort wird uns zuteil, wenn wir eine etwas eigentümliche Frage stellen. Von den aufgezählten Lebensbeziehungen dieses Menschen – Gatte, Vater, Verwandter, Arbeitskamerad, Mitglied der Pfarrgemeinde –, welches ist die wichtigste in dieser Stunde? Die spontane Antwort wird sein: »Das ist doch ganz klar: Gatte und Vater. Die engsten Angehörigen trifft der größte Schmerz.«

Dennoch, die wichtigste Beziehung ist, was zuletzt genannt wurde: Mitglied der Pfarrgemeinde. Diese Zugehörigkeit ist nur der äußere Ausdruck von etwas sehr viel Tieferem: daß der Verstorbene durch die heilige Taufe Christus eingegliedert ist; daß er – wie wir sagen – zu seinem geheimnisvollen Leib, der die Kirche ist, nicht nur gehört hat, sondern immer noch gehört. Aus diesem Verbundensein des Verstorbenen mit Christus im dreieinigen Gott erwächst die bleibende Verbindung gerade zwischen den engsten Angehörigen und ihm. Wer die Tür durchschreitet, die wir Tod nennen, nimmt nicht für immer Abschied. Die Verbundenheit nimmt eine neue, andere Form an. Es gibt diese geheimnisvolle, unsichtbare Verbundenheit durch die Gnade des Heiligen Geistes, durch die der Herr uns miteinander verbunden hat. Sie bleibt, wo Menschen im Glauben aneinander denken und miteinander in Beziehung treten. Und diese Beziehung zwischen Lebenden und Toten ist das Gebet. Wir beten füreinander: wir für die Verstorbenen und die Verstorbenen für uns.

Das große Geschenk, wo das alles zu lebendiger, tröstender Erfahrung im Glauben wird, ist die Feier der Heiligen Messe. Im Geheimnis der Eucharistie sind wir alle beieinander. Der Christus, den wir gläubig in der Gestalt des Brotes empfangen, ist der gleiche Christus, der den Verstorbenen als das ewige Licht leuchtet. Der Verstorbene ist heimgekehrt in die ewige Heimat, in die Freude des dreieinigen Gottes. Freilich, unser Schmerz bleibt. Aber er soll unseren Blick in der Sehnsucht nach dieser Heimat, die auch die unsere werden soll, schärfen. So halten wir miteinander Ausschau nach jener bleibenden, ewigen Verbundenheit, die wir jetzt schon geheimnisvoll in dieser Feier und besonders in der heiligen Kommunion erfahren dürfen.

Die Frage von Leben und Tod ist bedeutsam

Über dem grünen Blätterdach über dem Grabe von Koun-An Roshi wölbt sich ein blauer Himmel, gleichnishaft für jene Weite, in die Koun-An Roshi eingegangen ist. Und was können wir anderes tun, als hier an diesem Grabe noch einmal ihre Stimme zu hören, die am Abend eines jeden Sesshin-Tages in die große Stille hineinklang: »Die Frage von Leben und Tod ist bedeutsam. Drum karge mit der Zeit! Bleib stets hellwach und voll Besonnenheit, und laß dich nicht gehen!«

Koun-An ist selbst in diese Frage eingegangen, um die Bedeutsamkeit in ihrem ganzen Ausmaß als Fülle und Weite zu erfahren. Und das Vermächtnis ihres Sterbens ist, daß wir übend und dienend lernen, den Großen Tod zu sterben: »Stirb, solang du lebst, und sei lebendig tot – und dann tu, was du willst.« Das Vermächtnis der Frage nach Leben und Tod, die sie sterbend für sich, aber auch für uns gelöst hat, ist das Vermächtnis: üben und dienen! Einwilligen in das Sterben unseres Ego-Ich, um Fülle und Weite unaussprechlichen Lebens zu erfahren.

»Karge mit der Zeit!« Sie hat für sich selbst gekargt bis zum Äußersten, um uns zu dienen in schonungloser Barmherzigkeit. Sie hinterläßt uns das Vermächtnis, ebenso zu kargen, nichts zu vertun und zu vergeuden, sondern übend und dienend den Weg zu gehen, der niemals ein Weg für uns selbst ist.

»Bleib stets hellwach und voll Besonnenheit!« Diese Wachheit war ihr eigen bis in die letzten Stunden; jene Wachheit, die freilich erst ihren Sinn erhält durch die Besonnenheit, die Weisheit im Wissen und Erkennen des Zieles und der letzten Wirklichkeit, die lebendig alles umfaßt. Immer neu uns zu besinnen auf vergänglich und unvergänglich, bedingt und unbedingt, um entsprechend loszulassen in einem wachen, stets bereiten Leben – das ist unser Auftrag.

Und am Ende steht dieses harte, fordernde Wort: »Und laß dich nicht gehen!« In jener schonungslosen Barmherzigkeit rief und ruft sie uns dieses Wort zu in der Ermunterung, daß der Weg aller Anstrengung wert ist. Aber sie wußte ebenso, daß Wille und Anstrengung nicht das Ganze ist, sondern daß tiefe Erfahrung – Erleuchtung – im letzten Geschenk ist: Gnade. Darum war ihr eigenes Leben von jener Grundhaltung geprägt, wo Christen und Buddhisten wohl am tiefsten eins sind: von der Dankbarkeit. Wir müssen uns der hingegangenen Meisterin und wir können uns nur würdig erweisen, wenn wir dieser Dankbarkeit in unserem Leben umfassend Raum geben, nicht nur jetzt ihr gegenüber, sondern einander gegenüber und allem gegenüber, was uns auf unserem Weg begegnet. Amen.

Daß in allem Gott verherrlicht wird

Verklungen ist auf dieser Erde die Melodie eines Mönchslebens. Ihr Grundton hieß Berufung. Diese Berufung im weiteren Sinn begann am 8. September 1919, er hatte zusammen mit der Gottesmutter Geburtstag. Nach dem Elternhaus wurde entscheidend für seinen Weg die Erfahrung des Krieges, eine dunkle Erfahrung, die immer wieder eigentümlich von hellem Licht durchbrochen wurde. Zuerst in Frankreich, wo es zu einer tieferen geistigen Begegnung mit der hl. Therese von Lisieux kam. Seit September 1944 dann in Rußland, bis Dezember 1949 in russischer Kriegsgefangenschaft. Aus dieser Zeit rührten die schweren gesundheitlichen Schädigungen, die ihn sein ganzes Leben begleiteten. Aber selbst in die Schrecken der Gefangenschaft fällt das helle Licht menschlicher Zuwendung. Gläubige Menschen haben ihn damals, wie er betonte, gerettet; von daher seine bleibende Liebe zur Ostkirche und ihren Menschen.

1952 klopfte er in Niederaltaich an. Nach der Zeit des Noviziats und der zeitlichen Gelübde dann 1956 die feierliche Profeß und 1957 die Priesterweihe. In seinem Profeßgesuch steht der vielsagende Satz: »Ich bitte um

Zulassung zur feierlichen Profeß, weil ich mich von Gott zur geistlichen Vaterschaft berufen weiß.« Dadurch mag es auch gekommen sein, daß dieser im Grunde stille, nach innen gekehrte Mensch in die praktische Seelsorge geschickt wurde. So wirkte er viele Jahre als Kaplan und Pfarrer, bis sich mehr und mehr die unheilbare Krankheit der Parkinsonschen Schüttellähmung bemerkbar machte. Eine Zeitlang lebte er noch als Hausgeistlicher in einem Seniorenheim und dann zuletzt wieder in Niederaltaich. Hier erlebten wir ihn noch einmal in seiner ganzen liebenswerten, einfühlsamen, wohlgesonnenen Art. Er hatte, selbst noch in seiner schweren Krankheit, einen köstlichen Humor. Als er schon gefüttert werden mußte, sagte er einmal zu mir mit einem Schmunzeln: »Babyfütterung!«

Dieses Wort hat einen tieferen Hintergrund: Es ging ihm um das Geheimnis der geistlichen Kindschaft, wie es Therese von Lisieux als ihren inneren Weg verkündet hat. Therese hilft ihm, auf dem Weg des Leidens die geistliche Vaterschaft zur einer letzten Vollendung zu bringen. Sie schreibt in ihrer »Geschichte einer Seele«: »Ich begriff, daß die Liebe alle Berufungen in sich schließt; daß die Liebe alles ist, daß sie alle Zeiten und alle Orte umspannt. Mit einem Wort: daß sie ewig ist. Ja, ich habe meinen Platz in der Kirche gefunden, und diesen Platz, mein Gott, den hast du mir geschenkt. Im Herzen meiner Mutter werde ich die Liebe sein. So werde ich alles sein.« Und dann sagt sie zum Weg der geistlichen Kindschaft: »Ich bin nur ein Kind, ein schwaches, ohnmächtiges Kind. Aber gerade meine Ohnmacht verleiht mir die Kühnheit, mich deiner Liebe, o Jesus, als Opfer anzubieten ... Ich weiß: Liebe wird nur durch Liebe bezahlt.« Diesen Weg ist unser Mitbruder gegangen. Bei seinem letzten Klinikaufenthalt sagte er zu mir nur: »Ich habe oft vom Ganzopfer gesprochen. Jetzt ist es soweit.«

Die letzten Jahre in Niederaltaich waren für ihn die dunkle Nacht der Leiden. Innere Ängste ließen ihn oft zunichte werden, quälende Eindrücke aus dem Krieg und der Gefangenschaft wurden wieder in ihm wach. Aber es gab auch ganz tiefe Zuversicht. Bei der letzten Messe, die ich mit ihm zusammen in der Krankenstation gefeiert habe, saß er zusammengesunken in seinem Stuhl. Die Wandlungsworte waren kaum mehr aus seinem Mund zu vernehmen. Als ich aber die Schußworte des Hochgebets anstimmte: »Durch ihn und mit ihm und in ihm ist dir, Gott, allmächtiger Vater, in der Einheit des Heiligen Geistes alle Herrlichkeit und Ehre«, da erhob sich noch einmal seine schöne Tenorstimme in einer unwahrscheinlichen Innigkeit und Kraft, als wollte er zum Ausdruck bringen: »Ja, das ist mein Weg. Das ist mein Glaube: Dir, Gott, alle Herrlichkeit und Ehre!« Das war das Programm seines Lebens, das er bis zum Schluß zu verwirklichen suchte: daß in allem Gott verherrlicht wird. Wir danken ihm, daß er uns den Lobpreis im Leiden gelehrt hat. Diese Melodie soll in unserem Herzen fortklingen, daß auch wir zu unserem Leben mit seinen Höhen und Tiefen im Lobpreis ja sagen und Gott alle Herrlichkeit und Ehre erweisen.